Zelf aan het roer dankzij de universele wetten

Catherine Wheels

Colofon

Eerste druk, herfst 2017.

Uitgeverij De Groene Gedachte, Tienen.
www.degroenegedachte.be

Titel:
Zelf aan het roer dankzij de universele wetten

ISBN-NUMMER : 9789492057235
EAN : 9789492057235

Trefwoorden: filosofie, ethiek, levenswaarden, spiritualiteit

Auteur: **Catherine Wheels**
Grafisch vormgever: Kris Libersens, Freak & si

De Groene Gedachte helpt bij het verspreiden van een positief gedachtegoed, gaande van een gezonde voeding, een gezonde levenshouding, balansbewerkstellende en balansherstellende mechanismen of interacties van mens tot mens, van cultuur tot cultuur en tussen mens en natuur.

Inhoudstafel:

Zelf aan het roer dankzij de universele wetten

Catherine Wheels

Inleiding

Waarom deze wetten?

Als mens zijn we het gewend om te denken in patronen en concepten. Dat is logisch,want anders zouden we alle bij ons binnenkomende informatie en prikkels niet eens kunnen verwerken. Dan versmolt het allemaal tot één grote brij. Ons brein werkt zo dat we feiten en gebeurtenissen moeten kunnen plaatsen om enige grip te krijgen op een nogal complexe werkelijkheid. Daarom vereenvoudigen we alles tot we het wel kunnen begrijpen en kunnen bevatten met onze ratio. En we filteren ook informatie.

We zijn echter niet alleen rationeel ingesteld, maar ook emotioneel en zelfs spiritueel. Tussen deze drie aspecten een goede balans bereiken, is essentieel voor een vervuld leven. Doorschieten in uitersten valt zeker niet aan te raden. Goed geaard zijn en deel uitmaken van 'het dagelijkse leven', het is en blijft belangrijk.

Je spirituele natuur ontkennen is echter wat de meesten onder ons vandaag doen in deze doorgedreven rationele wereld. Dat doet je helaas afscheiden van de bron. Het is ook niet goed voor je mentale evenwicht. Dan zit je ego aan het stuur, maar je ziel kan haar rol niet voluit spelen. Hoe meer je ziel aan het stuur zit, hoe minder de drang om de leemte met allerlei te willen compenseren. Bijvoorbeeld met materieel gewin. Mensen die sterk verankerd zijn in de 3D-cultuur zijn erg materieel ingesteld. Ze hunkeren ook sterker naar macht en status want ze hebben niet het besef dat hun ego in feite slechts een mentale illusie is die bovendien afgescheidenheid creëert, terwijl we in feite één groot netwerk, één groot bewustzijn vormen. Een bewustzijn dat voortdurend evolueert. Mensen met een 3D-bewustzijn ontkennen hun spirituele natuur en geloven vaak dat hun fysieke lichaam het enige lichaam is waarover ze beschikken. Dus in hun idee is het na de dood van het fysische lichaam ook met ze afgelopen. Heel vaak is liefde voor hen een inhoudsloos begrip of een concept met een beperkte inhoud. Bijvoorbeeld zien zij liefde enkel als iets tussen man en vrouw en tussen moeder en kind. Er zijn mannen die graag een vrouw hebben om mee uit te pakken en het omgekeerde bestaat natuurlijk ook. De show of economische aspecten primeren op ware gevoelens en een goed gesprek tussen beide seksen is bijna onmogelijk. Of de lust primeert. Een goede afstemming ontbreekt. Is het verkeerd dit soort van relaties te ondergaan? Neen, maar het is wel een beperkte visie op liefde, en het is eerder een onbewust proces. Men zegt dat we nu naar een tijd evolueren waar we minder op zoek gaan naar de ons completerende partner en meer naar vervullende relaties vanuit het hart, ook omdat yin en yang in de mens meer in evenwicht komen in het individu. Met andere woorden, zowel de man als de vrouw, zullen hun mannelijke en vrouwelijke eigenschappen herontdekken en daardoor zelf al meer in evenwicht komen, waardoor je een heel andere soort van relatie krijgt tussen beide seksen.

We beschikken ook over een emotionele natuur en mentale intelligentie. Onze intenties en ideeën hebben een positieve of negatieve gevoelskwaliteit want ze zijn verbonden aan emoties. Een neutrale kwaliteit hebben ze slechts zelden want dan dien je je volledig de observatorrol eigen te kunnen maken en de negatieve emoties verbonden aan pijnlijke herinneringen, uit te kunnen vlakken. Observator zijn van je eigen leven is echter niet zo makkelijk, maar het maakt alles wel veel makkelijker. Zo beland je namelijk in 'the flow' want je bevind je dan op een hoger bewustzijnsniveau en krijgt een betere connectie met 'het al'. Observator zijn van je eigen leven is ook zeker niet hetzelfde als je gevoelens uitschakelen. Door gevoelens van empathie te vermijden ga je echt niet boven de dualiteit staan. Integendeel, het heet 'gevoelloosheid'. Iedereen heeft overigens een donker kantje, anders waren we hier niet. Veel lichtwerkers lijken hun schaduwkant niet te willen erkennen en zodoende gaan ze boven de realiteit leven en zijn ze niet langer geaard. Empathie kunnen tonen is bovendien ook een vorm van liefde geven. Aangezien alles in het universum bestaat uit energie en alles zijn ook energie uitstraalt, heeft alles ook een eigen uitzendfrequentie en bijhorende vibratie. Wat gelijk is gestemd is, dat resoneert met elkaar. Liefde en waarheid zijn hele sterke energieën want ze hebben een hoge frequentie. Mensen die in waarheid leven met zichzelf en in staat zijn onvoorwaardelijke liefde te geven, zenden lichtgolven (fotonen) uit op een hele hoge frequentie. Zonder te weten waarom dit zo is, voelen mensen zich tot hen aangetrokken of trekken zij zelf mensen naar zich toe. Het zijn immers ware energiebakens. Energie kan je niet zien of vastnemen, dus zoek die ervaring zeker niet in 3D. Aanvoelen kan je ze wel, hetzij onbewust. Mensen die door trauma of verdriet teveel negatieve energie opslaan, worden vaak om dezelfde reden vermeden. Tot ze weer meer licht in hun leven gaan toelaten en dit ook weer gaan (uit)stralen. Er is dus heel wat gaande in het onzichtbare veld, want al die processen zijn eerder onbewuste processen, maar ze verklaren wel veel. Het verklaart zelfs waarom die of die zich zo gedraagt ten aanzien van jou, terwijl jij net aan het zoeken was naar een logische rationele verklaring voor het vreemde of haperende gedrag. Met andere woorden mensen met een hoge vibratie worden vaak aangetrokken door mensen met een hele lage vibratie. Die laatsten voelen zich natuurlijk goed in hun buurt, want tijdens het contact voelen ze zich niet meer leeg. Die energiebakens moeten wel opletten, want vaak geven ze zich leeg aan zulke parasitaire (vriendschaps)relaties. Vaak stopt zo'n relatie abrupt vanaf het moment dat de energiegever de situatie heeft doorprikt.

Bewuster denken, voelen, handelen en leven

Door de kennis van deze wetten kan je veel bewuster omgaan met je gedachten en je menselijke relaties. Maar ruimer gezien bijvoorbeeld ook met de kostbare aardse grondstoffen, want je begrijpt dan dat alles, maar werkelijk alles elkaar procesmatig beïnvloedt, want alles onderhoudt immers relaties met alles, altijd en overal. Zelfs de kleinste gedachte, handeling heeft al invloed... en we leven vooral in een wereld van ideeën en concepten. Hoe we leven, dat wordt voor een groot stuk door onszelf uitgedacht. Wij creëren of cocreëren onze eigen realiteit, maar de uitkomst van onze gedachtenwereld of gedachtenmix is niet altijd voorspelbaar want alles interageert met elkaar.

Mijn belangrijkste motivatie voor de verspreiding van deze wetten is, dat je beter begrijpen zal, dat je zelf aan het stuur zit van je leven, ook al kan je niet alle omstandigheden controleren of alle uitkomsten van handelen goed voorspellen. Het leven mag wel nog wat avontuurlijk blijven, toch? Je zal ook beter begrijpen dat een slachtofferschapshouding net nog meer narigheid uitnodigt en niemand kan zulks gebruiken.

Je zal door het lezen van deze wetten ook beter begrijpen dat we als mens niet beperkt zijn, maar net heel krachtig. Onze culturele achtergrond heeft het ons doen vergeten. We zullen zeker niet alles rationeel kunnen vatten, maar we gaan uiteindelijk begrijpen dat men ons lang heeft voorgehouden dat we onze levenssituaties slaafs dienen te ondergaan, dat we zelfs beperkt zijn en hulp dienen in te roepen van experten, van machtige of wetende anderen. Zelfs religies hadden dit effect op mensen. Mensen werden bang gemaakt, verkleind…We gaan via deze wetten onze eigen zelfsturende krachten beter kunnen inschatten. Wanneer wij dus denken in termen van schaarste of beperktheid, dan is het net dàt wat we aantrekken. Zo krachtig zijn dus ook onze negatieve gedachten. Met onze gedachtewereld kunnen we dus zelf een soort van traliewerk creëren, dat ons steeds weer bevestigt in onze kleinheid en onmacht.

Wij zijn helemaal niet beperkt, maar ontzettend krachtig. Meer nog, wij beschikken allen over een creërend potentieel. De kwaliteit van onze gedachten bepaalt dus in grote mate de kwaliteit van ons leven. Wanneer we bijvoorbeeld voortdurend in angst leven, dan trekken we vooral negatieve situaties aan die horen bij deze angstmodus. In zekere zin, zal je door die situaties je eigen angsten weer bevestigd zien. En net dàt houdt je in deze vicieuze cirkel. Dus niet het leven (waarvan jij denkt dat je het enkel maar dient te moeten ondergaan door een soort van lotsbestemming) houdt je op die plek, maar je eigen gedachten creëren in grote mate jouw negatieve realiteit.

Besef dus ook dat de constante overspoeling van onze menselijke geest met negatief nieuws kan al worden gezien als een soort van 'mindcontrol'. We kunnen nu eenmaal het leed van de hele wereld niet op onze fragiele schouders torsen. Dit is wel geen pleidooi voor onwetendheid en onverschilligheid. Wij hebben nu vooral nood aan positief opbouwend nieuws, dat ons niet doelloos, angstig en half depressief laat ronddolen, maar ons weer in onze ware kracht zet. Nieuws dat laat zien dat positieve ideeën een positieve uitkomst hebben. Denk maar aan de talloze nieuwe burgerinitiatieven die niet zijn verweven met macht en politieke motieven, maar die gewoon positieve doelen omzetten in wijd gedragen acties door de kracht van samenwerking. Zulks brengt de gemeenschap weer in een positieve spiraal. Inspirerende initiatieven 'werken' want ze creëren doelen, genereren positieve gedachten. Ook bij de jeugd. Onze gedachten van vandaag creëren dus het uitzicht van morgen.

Samengevat: Met onze gedachten van vandaag, bepalen wij dus allen samen onze toekomst, of de kwaliteit van onze toekomst.

Wie zijn wij? Wat zijn wij?

Dit is de meest lastige vraag ooit. Het is een vraag die nooit een bevredigend antwoord kreeg en die ook nooit een bevredigend antwoord krijgen zal. Waarom niet? Enerzijds omdat we met ons beperkte brein niet alles kunnen conceptualiseren, niet alles kunnen 'vatten' en dat is maar best. Maar het is in elk geval de grote vraag die vrijwel iedereen bezig houdt, toch zeker als het over jezelf gaat en wat je hier überhaupt op deze aardkluit komt doen. Er zijn ook individuen die zich afvragen wat de mens als soort hier komt doen en waar ze allen samen naartoe varen. Naar hun eigen ondergang? Ik denk van niet. Va zodra het globale bewustzijn er is, dat we het samen moeten aanpakken en anders moeten aanpakken, dan kan de mens als soort de koerswijziging doorvoeren en dan volgt de rest wel vanzelf. De aarde is al bezig met 'overleven' en indien we haar hierin tegemoet komen, met haar samenwerken, dan loopt het ook voor ons goed af.

We zeiden het reeds, wanneer de mensheid dingen niet begrijpt, dan tracht ze het over te brengen naar klassen en systemen. Ze proberen dingen onder te verdelen, en vervolgens te ordenen en te classificeren. Zo ontstaan hanteerbare 'bevattelijke' denkconcepten die men op rationele wijze makkelijker kan doorgeven. Dit wat we neerschrijven en doorgeven, dat noemen we kennis. We bouwen verder op kennis, breiden ze zelfs uit. Kennis is best wel 'veel', maar niet alles want het is ook 'slechts' kennis en het denken in systemen.

Doch ik vrees indien men 'het al' en de mens begrijpen wil, dat men net het tegenovergestelde moet doen. Men moet dus niet verdelen, maar terug samenbrengen of synthetiseren want God is een concept voor 'al wat is'. God is '1'. God staat voor het ongrijpbare, voor jouw en ons supermachtige potentieel. Voor het oorzakelijke, het onbenoembare, de bron... In zekere zin is God dus gewoon een ander woord voor oneindigheid, oneindige intelligentie, grootse liefde, onuitputtelijke kracht, zowel het mannelijke als het vrouwelijke principe. Je kan hier zelf vast nog wel wat superlatieven aan toevoegen.

God is slechts een begrip maar geen afgebakend begrip. God is alleszins te weinig concreet om te worden benoemd binnen bepaalde grenzen en net daardoor slaat onze menselijke verbeelding vaak op hol. Wij willen het kunnen bevatten, niet claimen zelfs. Hoe vaak zie je God niet afgebeeld als een streng mannenfiguur zetelend op een troon? Dàt is God zeker niet. Als je God zo ziet, dan kom je uit bij religie. Zelf ben ik niet voor religie, maar iedereen is daarin natuurlijk vrij. Religie kan het universum en al zijn krachten en tegenkrachten niet claimen.

De mens als energievorm is een stukje van die grote energiebron. In zekere zin zijn wij dus ook oneindig. Anderzijds kan de grote waaromvraag dus niet worden beantwoord om dat we ook een aspect van oneindigheid hebben. De universele wetten laten zien hoe je kan blenden met het oneindige potentieel en mooie dingen kan realiseren. Dat oneindige is echter moeilijk te begrijpen indien je steeds hebt leren denken in termen van 'eindigheid' en beperktheid. Volg je de redenering? Ons eigen potentieel is oneindig als je de sleutels weet te hanteren. Die universele wetten die verderop worden opgesomd in dit boek, zijn in feite zulke sleutels. Lees ze daarom traag en laat het even tot je doordringen. Of lees ze meerdere malen.

Verschillende sferen? Verschillende zelven?

Onze aardse realiteit geeft ons slechts een heel beperkt beeld op onze eigen werkelijkheid, want we bestaan zelfs in verschillende sferen of dimensies tegelijkertijd. Hoe vreemd is dat? Na het afsterven van onze fysische vorm hier op planeet aarde, leef je dus nog verder in die andere dimensies, onder welke energievorm dan ook. Van deze vormen en hun hoedanigheid weten we niet veel, ook al weet je vast dat geesten (spirits) bestaan of dat sommige mensen contact kunnen maken met gene zijde. Of anderen spreken van een BDE tijdens een operatie, lichttunnels, nachtelijk bezoek etc... Ondanks dit, het is en blijft toch een mysterieus en intrigerend veld. Wanneer we dood gaan, weten we mogelijk hoe de vork aan de steel zit.

Stel dat we al die sferen of dimensies gemakshalve (dus conceptueel) zouden onderverdelen in een twaalf. Dan kun je stellen dat de twaalfde en hoogste sfeer de bron is van alles. Het is God zelf, de creator die je niet kan verpersoonlijken, tenzij via ons als mensen, want wij hebben allen ook een hogere zelf die verbonden is met die grote creërende bron. We hebben overigens ook andere hogere zelven die tgelijkertijd leven in nog andere dimensies. Al die zelven zijn ook tijdens je aardse leven nog met jou geconnecteerd en je kan ze ter hulp inroepen indien je het even niet meer weet. Hulp vragen doe je door naar binnen te gaan, door het even stil te maken in je hoofd. Vrouwen zouden hier doorgaans beter in zijn dan mannen, want zij zijn vooral op de buitenwereld georiënteerd.

Samengevat: Hier op aarde leven we in de illusie dat we afgescheiden zijn en alleen. Maar dat klopt helemaal niet. We worden zelfs begidst indien wij erom vragen. Die illusie omtrent existentiële eenzaamheid, is dè manier bij uitstek om je eigen traliewerk te realiseren en je af te scheiden van je eigen kracht of godsvonk. Binnen zulke tralies geraak je immers nooit bij je ware potentieel. In feite blijf je zo jezelf zien als klein en afhankelijk, als stuurloos, als overgeleverd aan de speling van het lot. Je houdt jezelf in slachtofferschap en slachtofferschap heeft nu eenmaal een hele lage frequentie. Kort gesteld, mensen die zich blijvend identificeren met hun slachtofferrol, trekken alleen nog meer ellende aan want ze zullen resoneren met nog meer negatieve situaties, negatief ingestelde mensen…. Je wil natuurlijk wel meer en beter, maar je zoekt het steeds bij experten, bij anderen. Maar de grootste wijsheid puur je uit jezelf en nergens anders, maar maak je alstublieft eerst los van die gedachten met een negatieve basiskwaliteit. Anders vind je zelfs die wijsheid in jezelf ook niet. Maak het daarvoor even stil in je hoofd, trek de natuur in…

We denken dat we slechts ons lichaam zijn en dat we ons moeten ontwikkelen ten aanzien van. Of dat we ons moeten ontwikkelen ten koste van. Een soort van leven in concurrentie met anderen. Ik haal die of die naar beneden en ik voel me beter. Deze glorie is slechts van korte duur want het staat heel ver van liefde. Indien we contact houden met onze bron en al onze zelven (= al onze zielsstukken verbonden aan de andere dimensies, ook de hogere zelf genoemd), dan zit onze ziel terug aan het stuur. En die ziel weet wat gedaan. Die ziel die weet dat ze niet alleen is, maar verbonden. Die ziel is zoveel wijzer, want ze put uit het collectief bewustzijn en ze brengt je naar een hoger plan dan je afgescheiden kleine ego dat slechts een beperkte kijk op de dingen heeft. Je ego dat is dus slechts het beeld dat je van jezelf hebt en de rol die je hier speelt. Let op, dat beeld kan sterk afwijken van het beeld dat anderen van je hebben.

Moeten we dan proberen te leven zonder ego?

Zeer spiritueel georiënteerde mensen betrachten een niveau van ascentie of verlichting, maar dat is zeker niet wat van ons allen wordt verlangd. Dat is het niveau dat een oude ziel kan bereiken, met een sterk ontwikkeld bewustzijn. Je ontwikkelen doe je ook niet met kennis, maar door levenservaring. Levenservaring doe je op door je niet af te scheiden van anderen, maar door met ze samen te leven. In de levenservaring zitten de lessen die je in dit leven nodig hebt. Moeten we dan zonder ego trachten te leven? Zeker niet. Het ego laat je immers ook actie ondernemen, het stelt allerlei doelen, het laat zich gelden, beschermt zich… Het ego, het groepsego houdt maatschappijen en culturen draaiende. Leven met te weinig ego geeft je weinig overlevingskansen en teveel ego wordt eerder als ergerlijk ervaren. Het neigt naar arrogantie. Narcisme vind je in de overtreffende trap.

Hoe geraak je bij je andere zelven?

Natuurcontact, meditatie, zang en gebed kunnen je daarin helpen. Zo geraak je ook aan het collectief bewustzijn. Let wel op met godsdienst. Godsdienst kan je eventueel wel op weg zetten inzake het hebben van je eerste spirituele ervaringen die je laten zien dat er meer is tussen hemel en aarde - maar soms leert het je ook de kracht weer buiten jezelf te zoeken en dat is een gevaarlijke situatie. Je moet God niet personifiëren want het is geen strenge autoriteit die je bestraft en al zeker niemand die volkeren verdeelt. God is niet iets buiten je om. God is dus in en met je.
Die godsvonk die jijzelf ook bezit, daar kan je mee cocreëren, daarmee kan je je leven optimaal richting geven. Bepaalde dingen zijn vooraf bepaald, maar zeker niet alles. In je eigen verbondenheid met de bron, kan je je eigen kracht (her)vinden, of zelfheling. Die verbinding kan zelfs magie brengen in je leven. Hoe meer je verbonden bent via je ziel, hoe meer sturing je daarbij ondervindt. En hoe meer je je kan verlaten op je intuïtie of bepaalde tekenen, hoe beter je op je spoor blijft zitten en in 'the flow' geraakt

Weet ook, verschillende 'sterk bezielde' mensen en die in positieve zin samenwerken rond positieve doelen, die kunnen werkelijk wonderen verrichten. Ze zullen heel mooie zaken in beweging brengen. Dit brengt ons weer bij de positieve spiraal. Het universum beloont zulke intenties, door ze te laten uitdeinen. Het zal uiteindelijk in positieve zin gaan escalere

Wat zijn universele wetten?

Alles wat leeft, is onderworpen aan natuurwetten. Maar er zijn ook hogere wetten en deze zijn veel subtieler. Ze leveren niet meteen zintuiglijk bewijs zoals in de natuurkunde. Ze zijn in zekere zin abstracter of toch alleszins minder concreet. 1. We kennen zo bijvoorbeeld allen de wet van actie en reactie. Dat is enerzijds een natuurwet vanuit de natuurkunde, maar het is tegelijkertijd ook een universele wet. Geen enkele actie blijft zonder gevolg omdat energie in beweging wordt gebracht. En dat alles gebeurt dus ook in de subtielere sferen. Die wet heeft al invloed op je gedachten. Gedachten zijn namelijk ook energievormen. Meer nog, met je gedachten creëer je je eigen morgen, maar dat wist je reeds.

De wet van actie en reactie of de wet van oorzaak en gevolg is een belangrijke wet, een mooie wet, maar tegelijkertijd is het een gevaarlijke wet die jou, je familie, je volk generaties lang in een vicieuze cirkel kan laten draaien, zonder ooit nog een uitweg te zien. Wraakgedachten moet je daarbinnen leren situeren. Ze trekken je steeds weer naar nieuwe onveilige situaties. Of men kent mogelijk ook de wet van de aantrekking. Als je steeds in angst leeft en je focust op alles wat kan mislopen, dan zal je zulke situaties sneller naar je toe trekken omdat gedachten van angst zich op een hele lage vibratie bevinden. Ze resoneren dus met 'gevaar'. Deze twee wetten kennen we in hun negatieve betekenis en werking, maar deze universele wetten ontdekken, het zou je net vooruit moeten helpen in je bewustwordingsproces. Je zult dan ook veel voorzichtiger omgaan met relaties. Kennis en integratie van deze kennis in je leven, het zou je leven moeten vergemakkelijken, maar zo'n groei gaat echter ook gepaard met een grotere zelfverantwoordelijkheid.

Elke wet heeft een dubbele natuur. Dat wil zeggen dat ze in positieve en in negatieve zin kan worden gebruikt. Veel hangt dus af van je eigen ingesteldheid. Ben je vooral positief of negatief ingesteld? Indien je negatief bent ingesteld dan ben je het in feite gewend om deze wetten in negatieve zin aan te wenden. Dat doe je onbewust. Maar nu je dit inzicht rijker bent, kan je heel bewust je denkpatroon een positieve draai geven. Volautomatisch zal je de wetten in positieve zin gaan toepassen.

2. Het merendeel van de mensen dat vandaag de universele wetten absoluut wil leren kennen, lijkt echter vooral geïnteresseerd te zijn in de wet van overvloed of succes. We interpreteren het woord 'overvloed' wellicht nogal kapitalistisch omdat we in het kapitalistische systeem opgroeiden. En het is bijzonder moeilijk je los te maken van je eigen cultuur, je eigen zeden en gewoonten. Je eigen cultuur bepaalt namelijk je manier en de kwaliteit van je denken, je zeden en gewoonten.
Het bereiken van je persoonlijke doelen is ook het hebben van succes. Tevreden zijn met jezelf is ook een groot succes. En laten we vooral 'gezond zijn' niet vergeten.

Daarom, vraag je nu even binnenin af: 'Is bezit en het hebben van een hoge status dan werkelijk het hoogste goed? Is het dat wat je ultiem gelukkig maakt?'

Wanneer je je in je wereld beweegt, dan zie je soms mensen die oprecht gelukkig zijn, ondanks de vele mokerslagen die ze al incasseerden. Ze krabbelen telkens weer overeind en ze zijn blij en ze amuseren zich. Ze genieten. Je vraagt je af hoe ze dit klaar spelen. Zou geluk dan niet veel meer te maken hebben met het kunnen blij zijn met kleine dingen, met een welbepaalde state of mind, met een (terug)vechterslust, met het hebben van een bepaalde weerbaarheid? Of met het feit dat je je niet in het slachtofferschap wil koesteren, maar dat je je angsten steeds makkelijker overwint? Telkens weer. Of dat je leerde te vertrouwen op het goede, op de liefde en op 'al wat is' of op je eigen kracht of godsvonk?

De overlever merkt dat ene een bootje heeft in rustig kabbelend water en hij of zij bevindt zich steeds op een wilde zee. Hoe komt dat toch? Waarom heeft die andere het zo gemakkelijk in het leven en ikzelf niet? Tja, elke levensweg is wel verschillend. Iedereen krijgt tijdens zijn leven de lessen die hij nodig heeft en die hij aankan. Er zijn hele grote verschillen in levenslopen, en je kan dit oneerlijk vinden. Maar toch is alles zo bedoeld, en toch verloopt alles zoals het ooit werd uitgekiend. De ene zijn levenslijn is lang, de

11

andere zijn levenslijn is kort. Ook dit lijkt erg oneerlijk en toch is het zo.

Er is de vrije wil, maar er is ook een zekere lotsbestemming en er is heel zeker een zielsplan. Je ego beschikt ook over een eigen wil. Op elke nieuwe tweesprong maakt het ego nieuwe keuzes. Jij neemt je beslissingen nog steeds zelf. Jij krijgt steeds nieuwe kansen en situaties voorgeschoteld in je leven, en ofwel maak je goede ofwel slechte keuzes. Frustraties, volgehouden woede en verdriet kunnen je echt boycotten in het zien van deze mooie kansen. Maak jezelf ondertussen ook niet te klein, maar ook niet te groot en sta onderweg je krachten en keuzes ook niet af. Deel je angsten en vragen, maar geef je zelfautoriteit niet weg. Niemand mag in jouw plaats je keuzes maken, of je dingen opleggen die niet bij jou horen. Besef daarbij ook dat rationele keuzes niet altijd de beste keuzes zijn, je intuïtie geeft je een veel betere begeleiding, want ze is verbonden met je hart, je ziel, je hogere zelven en met je ware godskracht. Maar dan dien je je intuïtie te ontwikkelen en erop leren te vertrouwen. Dan moet je als rationele mens ook de controle leren loslaten in vertrouwen. Controle loslaten in deze rationele wereld, dat vond en vind ik werkelijk het moeilijkste wat er is, maar ik ondervond gaandeweg dat mijn 'intuïtie' een veel betere gids is. Op voor mij nog onbegrijpelijke manieren is deze blijkbaar in staat, alle omstandigheden te overzien. Gek ook dat de wijsheid van de intuïtie steeds voor het hoogste goed van iedereen gaat, dus niet alleen jou ego dient. Mijn intuïtie laat me dingen zeggen en doen die ik soms niet begrijp op dat eigenste moment, maar achteraf zie ik dat het toch allemaal zo was bedoeld. Mijn ego daarentegen laat me vaak heel foute dingen zeggen, want er is een verborgen emotionele lading die me kan dwarsbomen.

Ik merkte namelijk dat mijn ratio - dat mijn (begrensde) ego aanstuurt - slechts een beperkt overzicht heeft op de dingen en vooral vertrekt vanuit bepaalde programmeringen die me werden aangeleerd via mijn opvoeding, mijn cultuur, mijn familiale achtergrond, mijn persoonlijke kijk op de wereld, de media… Mijn ratio stuurde mij maar al te vaak verkeerd, daardoor maakte ik vele fouten. Ik leerde natuurlijk met vallen en weer opstaan. Daarom leerde ik met opzet dingen vanuit een verschillend perspectief te bekijken, en bepaalde logisch lijkende aannames weer opnieuw in vraag te stellen. En ja, net dan vind je de resetknop want je vertrekt plots vanuit de nulpositie en dat geeft ineens echte vrijheid.

Overigens, wat de ene cultuur ziet als fout, wordt in de andere erg opgehemeld. Maar echte waarheid, die blijft altijd overeind. Die is niet cultuurgebonden. Echte waarheid heeft een hele hoge trilling, net zoals liefde en ze wordt voor iedereen toegankelijk als die nog is aangesloten op de bron. Echte waarheid en liefde verdraagt geen schaduw noch donkerte.

Maar weerom, uit deze fouten leerde ik en dus was het goed dat de dingen liepen zoals ze liepen. Het is pas goed mis indien je levenservaringen uit de weg gaat, want dan stagneer je. Het doel is dus niet het doel, maar het afleggen van de weg, dat is het doel.

Is iedereen vandaag klaar voor het ontdekken van de mysteriekennis?

Socrates wilde deze wetten al in zijn tijd verspreiden en werd hiervoor ter dood gebracht. Kennis is macht en zijn democratische instelling werd niet getolereerd door de machtigen. Maar zo'n vaart zal het nu niet meer lopen. Voor zover ik weet bestaan de mysteriescholen vandaag niet meer, maar ik merk wel dat veel kennis binnen bepaalde bevoorrechte kringen wordt gehouden en ik mag dit erg spijtig vinden. Men zegt dan dat niet iedereen al klaar is voor deze kennis en achter deze drogreden verschuilt men zich want kennis wordt toch enkel maar opgepikt door diegenen die er al aan toe zijn. Maar ze moet dan wel bereikbaar zijn.

En ja, vast is niet iedereen al klaar voor deze kennis, maar diegene die niet naar waarheid zoekt, die zal snel afhaken bij het lezen van dit werk. De wetten interpreteren is niet makkelijk en toch is het ergens allemaal ook poepsimpel. Van mij mag iedereen vandaag vrij tot bij deze mysteriekennis komen. Vooral nu, nu het meer dan ooit wenselijk is dat de mensheid een versnelde bewustzijnsevolutie zou

13

moeten doormaken. Het heeft zelfs iets te maken met de planetenstand, maar dat stuk begrijp ik zelf niet en zodoende kan ik het ook niet overdragen... Ik geef je dus slechts datgene door wat ik zelf begreep. Aan de andere wetten waag ik mij niet, uit vrees ze verkeerd aan je uit te leggen.

De auteur van deze teksten en wetten wenst anoniem te blijven. Hij of zij verzamelde deze wetten zelf uit verschillende bronnen. Ik vind zijn of haar collectie zelf erg waardevol en het voelt voor mij allemaal aan als 'waar'. Deze wetten werden dus niet gechanneld door mijzelf, enkel door mij vertaald naar het nederlands. Maar elke bewerking, dus ook een vertaling, zorgt voor een persoonlijke interpretatie. Dat is helaas onvermijdelijk. Daardoor zijn persoonlijke dingen toegevoegd of werden die wetten die ik zelf belangrijk vond, nog extra beklemtoond. Dingen die misschien ook heel belangrijk waren maar die ik niet of niet ten volle begreep, werden mogelijk te bondig samengevat of zelfs weggelaten. Ook de volgorde van de wetten is redelijk willekeurig, hoewel de ene wet vast belangrijker of omvangrijker is dan de andere. Maar ook dat begrip gaat boven mijn petje. Ik heb ze met opzet niet genummerd.

Daarom, slik dit alles niet zomaar en onvoorwaardelijk. Bekijk elke wet op zich en toets bij je 'zelf' of bij je 'zelven' of de wet op deze manier nog klopt voor jou. Normaal gezien voel je wel of het resoneert of totaal niet resoneert met 'waarheid'. Echte 'waarheid' is immers universeel van karakter en zeker niet cultuurgebonden. Echte waarheid drijft boven. Aangezien elkeen de mogelijkheid heeft waarheid en goede raad om te downloaden vanuit het collectief bewustzijn, kan ieder voor zichzelf uit maken, of dit werk al dan niet voor jou een hulpmiddel kan zijn om je voeten op de grond te houden. Maar weet alleszins, dat jouw directe verbinding met het collectief bewustzijn, met je hogere zelven, altijd beter of zuiverder is, dan het maken van een omweg via een boek, een spreker of zelfs een goeroe. Er is dan immers altijd gevaar op interpretatie en zelfs manipulatie. Helpen mag en al zeker als die daarom vraagt, manipuleren niet. Iemands weg versnellen mag ook niet. Er zijn dus vele valkuilen, ook voor de helpende handen want ze bedoelen het vaak goed, maar soms zijn ze te ijverig en te dwingend. .Niemand mag jouw stuur van je overnemen. Je mag ook niemand van je afhankelijk maken.

Leven in de vibratie van de helpers is ook niet wenselijk. Elke mens heeft recht op zijn eigen groei en komt doen wat die hier kwam doen. Anderen helpen vanuit het idee dat het compleet fout is hoe zij de dingen aanpakken, is tegelijkertijd jezelf boven de andere stellen want jij weet het dan zogezegd beter dan zij. Een heuse valkuil voor elke therapeut en coach. Help ze zelf aan het ontdekken van hun inzichten. Betweterig gedrag geeft weer karma en bovendien 'Wie zegt dat jouw visie waardevoller is dan de zijne/de hunne?' Dit paternalisme vonden we vooral terug in de kolonies. We leken onze eigen cultuur niet te kunnen relativeren en maakten zo die van anderen stuk. We drongen hen zelfs ons eigen geloofssysteem op en verwierpen het hunne. Hoe ver kan je gaan in het je meerderwaardig voelen? Maar dat paternalisme bestaat nog steeds en het is verbonden aan een soort superioriteitsgevoel. Het is heel link. Dus helpen mag en is zelfs mooi, maar een andere besturen zeker niet. Dan word je ooit ongenadig teruggefloten.
Tegelijkertijd denken we bijvoorbeeld dat we moreel superieur zijn aan een land als India waar het kastensysteem nog zeer zichtbaar in het maatschappelijk functioneert. Maar wat een gehuichel. In een democratisch bestel hoort elk individu een gelijke waarde te krijgen, maar waarom geloven velen van ons dan nog in een economisch klassensysteem, gebaseerd op status, macht en geldbezit? Blijkbaar onderscheiden we ons maar al te graag van elkaar op welk vlak dan ook, en we geloven ook graag in helden. Tot de opgehemelde helden ongenadig van hun sokkels vallen.

Wat is waarheid?

Er is in mijn beleving slechts één waarheid, maar er bestaan zoveel meningen en ideeën omtrent wat waar is, als er mensen zijn op aarde. En al die meningen zijn waardevol. Elke mening presenteert zich als de waarheid van die betreffende persoon. Iedereen heeft immers recht op zijn mening. Er is ook het recht op vrije wil. Een heel groot recht wat mij betreft!

In de Akasha of het collectief bewustzijn van de mensheid, dus het bewustzijnsveld van de hele mensheid, vind je die hoogste en puurste waarheid. Feiten lijken er te worden opgeslagen. Tijd speelt er geen rol.

De universele wetten in dit boek helpen je met het maken van een goede kwalitatieve verbinding met de bronwijsheid. Als je de universele wetten bewust weet te hanteren, dan zal jouw verbinding met de bron zuiverder zijn dan ooit, want je gaat dan bewuster om met je gedachten en je relaties met anderen. Let op: Totale gedachten-controle is niet mogelijk en zelfs niet wenselijk. Dan zou je immers geen mens meer zijn. We zijn en kunnen veel meer dan dat we ooit hadden kunnen vermoeden, maar we zijn ook niet volmaakt. Heelheid is wel wat we beogen. Na elke groeispurt of terugval, zoeken we opnieuw naar balans. We zijn dus steeds in beweging, zoals al het andere in het multiversum.

Met de kennis en integratie van de wetten in je leven, is het niet moeilijk om te putten uit 'waarheid' en scheefgroei en misleiding te vermijden. Dan dien je niet meer te rennen naar allerlei externe raadgevers en goeroes die je mogelijk zelfs mis-leiden zonder dat ze er zelf erg in hebben. Soms projecteren ze immers hun eigen levenslessen op jouw leven, maar jouw leven is niet het hunne. Soms claimen ze ook de zuiverheid, maar zijn ze zelf verre van zuiver. Dan vind je immers alles wat je nodig hebt, in je-zelf.

Je zal dan een goed of beter begrip hebben van de dingen des levens en je leven kunnen zien als een avontuur. Het doel is dan niet meer het doel, maar de weg naar het doel wordt dan je doel. Daarin zitten immers al de levenslessen verscholen die je nodig hebt voor dit leven. Die levenslessen zitten besloten in jouw zielsplan. Daarom dat je jouw leven dient te leiden en niet dat van een ander.

Deze wetten leren begrijpen vraagt enige inzet, maar ze toepassen nog veel meer. Maar hoe meer je het doet, hoe makkelijker het zal lopen…

Dit zijn ze (in een willekeurige volgorde):

De wet van de verwachting. De energie volgt de gedachte; wij bewegen ons voort, maar nooit verder dan ons eigen voorstellingsvermogen of wat we voor onszelf kunnen be- of uitdenken. Dus bedenk jij voor jezelf kleine stapjes aan vooruitgang, wel dan krijg je die kleine stapjes aan vooruitgang. Wat we voor 'waar' aannemen of wat we verwachten en geloven, dat kleurt heel sterk onze reële ervaringen. Dus door onze verwachtingen bij te stellen of te veranderen, verandert ook onze ervaring. Wij cocreëren heel zeker ons eigen leven, maar zijn daarom nog niet verantwoordelijk voor alles wat op ons pad komt. In de levenservaringen kan je de lessen voor de ziel herkennen.

De wet van overvloed. De meesten lijken vooral deze wet te willen kennen. Velen valideren zichzelf (helaas) aan de som van hun bezittingen of aan hun economische waarde. Dus wil je vooral geld naar je toe trekken met de wet van overvloed, dat kan, maar dan zit je helemaal in het 3D-denken verankerd want geld hoort thuis in deze wereld, maar het is niet 'van' de wereld. Overvloed gaat echter ook over succes in communicatie, in relaties, in welzijn, in gezondheid , in spiritualiteit... Succes in gezondheid is mogelijk nog het belangrijkste succes want daar is al het andere aan gerelateerd. Zieke mensen beseffen dat.

De wet van actie. Niets manifesteert zich alleen. Je kan heel begaafd zijn op allerlei gebieden, maar als je er niets mee doet dan blijft alles zoals het is. Dan is er geen groei. Actie is het geven van energie aan intenties en ideeën. We denken ook heel goed te weten wat concepten als liefde, moed, empathie en verbinding betekenen, maar ook hier, zonder actie blijven deze begrippen luchtledig. Volledig begrip ervan komt altijd door het ondernemen van actie en zeker niet door het maken van loze beloften. Tegenover het doen hoef je niet steeds een beloning te verwachten. Let op! Steeds maar geven aan dezelfden zonder iets terug te krijgen als wederdienst, is het installeren van afhankelijkheid.

De wet van actie en reactie. Elke actie veroorzaakt deining, ook al merk je het niet. Al wat je uitstuurt komt volgens deze wet ook bij je terug want energie gaat nooit verloren in het universum. Dit gaat dus ook over het uitsturen van goede en slechte gedachten. Wie goed denkt, mag goeds terugverwachten. Wie slecht denkt, krijgt uiteindelijk de negatieve uitkomst die zijn eigen gedachten voor hem of haar hebben gecreëerd. De tovenaar, dat ben jij dus zelf.

De wet van aantrekking vormt de basis van de wet van manifestatie. Soort zoekt/vindt soort. Je trekt dingen naar je toe met je gedachtekracht en datgene wat met jou en je gedachten resoneert dat beweegt zich naar je toe. Het liefdesaspect heerst over het zielsaspect. De wet van aantrekking kan je ook op kosmisch niveau toepassen. Het is de wet van de synthese. Alles hangt en werkt samen in het universum, zelfs de planetaire systemen, de centrale zon etc.

De wet op balans. Verslavingen duiden altijd op disbalansen. Alles zoekt van nature nochtans naar balans. Het is dus de wet van evenwicht. De wet op balans beheerst alle andere menselijke wetten. Wij wensen of hunkeren naar stabiliteit en balans in 3D. Zo dient elke gedachte te worden uitgebalanceerd want anders veroorzaakt ze disbalansen in haar verdere uitstraling. Met pure gedachten bereik je ultieme wijsheid. Laat ook alle andere invalshoeken toe, zonder de behoefte te hebben je eigen gedachtegang te moeten opdringen of verdedigen. Niemand zou je mogen toelaten jouw realiteit te bepalen, zo geef je je eigen kracht en zelfautoriteit weg en deze mensen kunnen overigens nooit jouw volledige realiteit overzien.

De wet van discipline. Door gedisciplineerd te zijn, bereik je meer dan door lukrake acties te ondernemen. Discipline brengt je naar focus en net daardoor is discipline het meest zekere hulpmiddel om uiteindelijk vrijheid en onafhankelijkheid te bereiken. Discipline veronderstelt immers een gedachtefocus over langere tijd. Discipline en toewijding, zorgen voor een brug vanaf het startpunt naar het bereiken van je doelen.

Geef iedereen onvoorwaardelijke liefde en respect. Alle boodschappen die resoneren met liefde, gaan uit van die gelijkheidsgedachte. Iedereen is ook gelijk in waarde in een wereld van eenheid. Zeg je dat je in gelijkheid tussen mensen gelooft, maar ondertussen voel je jezelf toch minderwaardig, dan is dat weerom een ontkenning van dit gelijkheidsbeginsel. Iedereen is gelijk en op elk ogenblik. Een lage zelfwaarde onderhouden is bijzonder non-productief. Ook arrogantie wijst op een gekwetst innerlijk kind dat zich wil opblazen en het wijst tegelijkertijd op het zich beter willen voelen dan de andere. Dus weerom een ontkenning van het gelijkheidsbeginsel. Niemand is meer dan de andere.

Het hebben van spirituele kennis maakt je natuurlijk ook niet beter, of meer dan een ander. Soms leidt het eerder tot arrogantie en dan is onwetendheid omtrent het bestaan van bewustzijn en de bewustzijnsevolutie zelfs te verkiezen. Je spirituele kennis kunnen toepassen in de dagdagelijkse realiteit is waar het in feite om draait. Soms dien je dan bepaalde gedragingen of gedragspatronen te veranderen. Patronen die in je familie of je kring erg gewoon kunnen lijken, maar die het daarom nog niet zijn buiten deze kring. Sommige gedachtepatronen kunnen goed fout zitten.

De cyclische wet gaat over het karmische wiel. Dat karmische wiel is een symbolische voorstelling van het volgende: Hier op aarde zit je in het wiel van reïncarnatie opgesloten. Ruim 80 % van de wereld gelooft in reïncarnatie of preëxistentie wat in feite hetzelfde is. Je kan je daaruit bevrijden indien je via nieuwe incarnaties in andere lichamen/levens je lessen leert, en al het karma oplost door het volledig te zuiveren of op te klaren. Dit doe je bijvoorbeeld door het schenken van vergeving. Veel makkelijker gezegd dan gedaan, want de vergeving moet vanuit het hart gebeuren en oprecht zijn. Anders blijft woede, wrok en verdriet je leven bezwaren. Het wordt zelfs DNA-informatie en DNA kan je doorgeven aan de volgende generatie. Vergeven is dus een hele krachtige daad of gedachte. De ziel moet dus een bepaalde groei hebben bereikt of bepaalde aspecten hebben geleerd, vooraleer het karmische proces kan worden beschouwd als beëindigd. Pas dan ontsnap je uit dit karmische wiel en reis je door naar de werelden van het licht.

De wet van de goddelijke flow. Door in het moment te leven, en jezelf te centeren in liefde en je dienstbaar op te stellen naar anderen, leven we in de goddelijke flow. Je blijft in het moment door bij je hogere zelf te blijven en acties te ondernemen die liefde en toegankelijkheid reflecteren. Door dit te doen zeg je dus de juiste dingen op de juiste momenten. Dan doe je wat het beste is voor iedereen en neem je afstand van datgene wat je eerder mogelijk niet zo graag accepteerde van jezelf of van de anderen. Je bent dan vol mededogen. Je onderhoudt zo een grotere connectie met je goddelijke zelf. Hoe meer je dit doet, hoe groter je training. Hoe meer je jezelf durft te laten glijden op de goddelijke flow, hoe completer je spirituele heling. De essentie waar alles om draait, is ons allen terug te brengen naar de eenheidsgedachte of 'oneness' want tot op dit moment lijken we door teveel ego afgescheiden van elkaar en daardoor zijn we ook deels afgescheiden van de bron. Indien je alles correct beschouwt, dan is alles immers één en verbonden. Net daarom is ook niets hoger of lager.

De wet van analogie. Dit begrip hoort echt bij het 3D-denken. Alles heeft een dubbele natuur, maar niets is echt ooit hetzelfde. Hoewel het zo lijkt alsof er extreme parallellen te trekken zijn, toch vind je altijd nog kleine verschillen. Je kan de verschillen vinden in de details. Weet je dat men zelfs spreekt van parallelle werelden?

Diegenen die op ons pad komen (of de situaties die we aantrekken), laten in feite zien op welk niveau we al staan. Of op welke frequentie wij ons bevinden. We trekken immers gelijkgestemden aan. Letterlijk aldus. Willen we onze vibratie verhogen dan dienen we 1) onze rugzak leeg te maken (nare herinneringen, wrok, woede, verdriet) maar 2) ons ook terug te zien als verbonden met de bron. Nu leven we vaak in de illusie dat we gans alleen zijn of afgescheiden zijn van de bron. Die foute illusie zorgt ervoor dat je zeker niet kan resoneren met het oneindige en geen ascentie kan bereiken. We zijn allen een vonk van het Goddelijke en daardoor verbonden met het Ene. Er is dus geen hoger en geen lager. We zijn allen gelijk in waarde. Maar je rationele denken kan je afzonderen van anderen of de verbinding met anderen boycotten. Je brein is verantwoordelijk voor de barrières en zo boycot je in feite jezelf. Ego-spiritualiteit doet je dus ook afzonderen van de bron.

Kleuren werken helend. Je kan kleuren naar bepaalde zones van je lichaam sturen en kijken hoe zal je lichaam hierop gaat reageren. In feite zijn we zelf ook samengesteld uit kleuren. Je vindt ze zelfs in ons aura want dat veld heeft ook een bepaalde bewegende kleur. Dat gegeven maakt ons tot levende symbolen van onze eigen vibratie of anders gesteld: we zijn energievormen: licht, kleur en toon.

De wet van gemeenschappelijke grond. De aarde is van iedereen, maar iedereen laat sporen na. Ook energiesporen. Zelfs gebeurtenissen of feiten laten sporen na. In feite zouden die nazinderende energieprints eerst ook energetisch moeten worden opgekuist vooraleer iemand anders de plek opnieuw bewonen kan. Earthkeepers of sjamanen kunnen dat. Ook hun eigen energiesporen worden nadien best weer opgekuist.

De wet van bewustzijn. Naarmate het bewustzijn van de mensen evolueert nemen de kansen toe om de noden van deze tijd te herkennen. Er komt namelijk in letterlijke zin meer ruimte tussen de dingen en de dimensies, zodat patronen en processen gemakkelijker kunnen worden onderscheiden, of kansen en mogelijkheden zich beter laten zien. Heden, verleden en toekomst kunnen zich zo duidelijker aan ons tonen. En net daardoor worden bewustzijnsgroei en veranderingen mogelijk.

Dit is de wet van continuïteit. Die evolutie van bewustzijn is een oneindig proces. Het kosmische bewustzijn is een realiteit. En alles wat groeit is met al het andere geconnecteerd. Hoe zal je je vast afvragen. Wel, het bindmiddel tussen alles wat groeit of tussen elke creatie is, is vreemd genoeg 'bewustzijn'. Er is ook een fusie tussen individueel bewustzijn en kosmisch bewustzijn en deze fusie doet het collectief bewustzijn groeien. Die continue groei start vanaf het moment dat het individu wakker wordt en vervolgens bevrijd wordt van alle beperkende programmeringen. Dat zijn rationele (zelf)indoctrinaties die hem of haar niet meer kunnen dienen. Wanneer dit individu zich vervolgens kan vereenzelvigen met het grotere geheel, bereikt hij of zij 'verlichting'. Een stap naar verlichting is bijvoorbeeld het zich bewust worden van je eigen gedachtenstroom, van je emoties, je woorden en acties. Dan creëer je de mogelijkheid om een observator te zijn van je eigen leven, volledig onthecht, wetend en begrijpend. Om daar te geraken moet je een goed contact krijgen met je 'innerlijke zelf' en volledig naar binnen keren. In de stilte leg je het gemakkelijkst contact met jezelf.

De wet van karma of de wet van oorzaak en gevolg. Elk oorzaak krijgt zijn gevolgen. Alles gebeurt door toepassing van die wet. Wat wij onder toeval verstaan is dus nooit toeval, alleen kennen we de oorzaak van dit gevolg mogelijk niet. De oorzaak kan liggen in dit leven, in vorige levens, of in gebeurtenissen in je familielijn, in je culturele achtergrond.. Het kan zelfs groepskarma zijn.
Angst scheidt je af van je hogere zelf en dan ga je je irrationeel gedragen. Angst werkt alleen maar destructief. Alleen kennis en wijsheid kunnen die angst verjagen.

Verlangens binden je ook aan karma. God niet willen kennen en God daar ben je natuurlijk zelf ook deel van, is een grote fout want in elke gedachte, actie of daad die je stelt, start een persoon een ganse keten van bewegingen, oorzaken en gevolgen. Die vibreren vanaf het mentale veld (de gedachten) tot in de cellulaire structuren van je eigen lichaam, tot in de omgeving, tot in de kosmos. En al het uitgestuurde keert ook terug naar de zender. Dat terugkeren naar de uitzender kan zelfs al tijdens de duur van een knipoog. Je kan niet naar formele bewijzen zoeken van de karmawet, want die zijn er niet. Je kan enkel de keten van gevolgen waarnemen en deze eventueel trachten te linken aan de oorzaak. Zoek dus de les achter elke slechte ervaring. Besef ook, onze gedachten zijn superkrachtig en het is goed dat we ze onder controle trachten te houden of ze alleszins leren te reguleren. God (het al, oneindige goedheid, liefde…) en jezelf leren kennen is eigenlijk de belangrijkste reisonderneming in je leven.

De wet van hoop en 'geloven in'. De wet van hoop of geloven in is geworteld in 'het weten'. We weten daardoor (op een onbewust niveau) veel meer dan we actief leerden. Hoe dit komt? Het is gewoon omdat we deel uitmaken van 'het al'. We hebben via onze ziel een directe link met de universele wijsheid. Soms moet je gewoon weer even naar binnen kijken, luisteren en vertrouwen hebben. We zouden dus een groter vertrouwen mogen hebben in ons intuïtief aanvoelen en onze innerlijke wijsheid. Als je die ingevingen volgt, dan zijn je beslissingen nooit fout want dan worden ze aangestuurd door een hogere wijsheid dan die van je rationele denken. Laat hart, verstand en geest dus optimaal samenwerken.

Is zielswijsheid te prefereren boven het rationele denken? Het is geen kwestie van prefereren. Het is eerder een laten samenwerken van je ziel, je hart en je verstand. Dingen onderscheiden doe je met je derde oog. Leer het te ontwikkelen want zo word je minder misleid door het acteerspel van anderen.

De wet van fixatie. Een belangrijke wet, want wij bepalen zelf onze grenzen of hetgeen we mogen ervaren. Zoals je denkt, zo besta je. Je kan dingen sturen maar ook blokkeren. Zoals hij denkt, wenst en ageert, zo zal je toekomst vorm krijgen. Het verstand zorgt voor de coherentie tussen dit alles. Onze geest controleert en stabiliseert onze wensen en actie (energie-input) zet gedachten of ideeën om naar de werkelijkheid. Wij bevestigen onze werkelijkheid dus zelf met onze geest. (In die zin zal de negatieve denker, altijd nieuwe foute dingen bedenken die zich uiteindelijk weer zullen manifesteren. Het vogeltje in de kooi vliegt misschien wel naar buiten langs het open gelaten deurtje, maar het durft dan niet hoger te vliegen dan de kooi, omdat het die vrijheid en het hoger vliegen niet is gewend is waardoor het angstig is.)

De wet van de hogere wil. Vanuit het standpunt van onze afgescheiden zelf en onze kleine wil, is het normaal om te handelen op basis van onze wensen en voorkeuren. Wanneer we ons overgeven aan de hogere zelf in plaats van aan de kleine zelf, en onze acties richten op het hoogste goed van iedereen, dan voelen we ons geïnspireerd. Dan voelen we de gloed die ons doet stralen.

De wet van de healing. Je kan energie 'channelen' van de kosmische bron. Die bron noemen velen God. Met die energie kan je blokkades opheffen en de energie in jezelf weer laten stromen. Met je intentie en met enige techniek kan je die helende kracht ook sturen naar het verleden, het heden en de toekomst. Mensen die kunnen helen met de handen, hebben denkgolven van 7,8 Hz en dat is in feite dezelfde polsslag als die van de aarde. Dus dit resoneert op het moment van de heling met de vibratie/frequentie van de aarde, zodat de heling wordt volbracht. Het is de drakenenergie. Zij zijn de drakenrijders, of diegenen die de energie van de aarde kunnen benutten voor zelfheling en de heling van anderen. Je kan zelfs datgene helen waarin je nog meer zelfvertrouwen nodig hebt. Zo ruim kan het dus gaan. Maar in feite kan iedereen zichzelf helen tot op zekere hoogte, toch als die dat maar wil geloven. Als je zegt dat je het niet kunt, dan blokkeer je die potentie. Als je jezelf heelt, dan weet je vaak niet wat precies zal worden geheeld. Je laat het open en het gebeurt en je zal versteld staan over het effect.

Mensen die de volledige Godsrealisatie hebben bereikt staan niet meer onder invloed van de tegenkrachten van het ego en zodoende kunnen ze alles wat ze wensen (en wat realistisch is), vrijwel meteen laten manifesteren in hun eigen werkelijkheid. Zij hebben hun ego voldoende afgebouwd, en worden hiervoor in zekere zin beloond door de kosmos.

De wet van de eerlijkheid. Onze authentieke zelf erkennen, accepteren en uitdrukken ligt in de kern van eerlijkheid. Alleen wanneer je eerlijk bent met jezelf, dan kan je in eerlijkheid spreken met elkeen. Om heel integer te zijn dien je dus eerlijk te zijn 1) met jezelf en 2) met anderen. Dan ben je volledig in lijn met de hogere wetten, ondanks de negatieve impulsen die je krijgt om toch nog het omgekeerde te doen.

Vaak is het angst die ons tegenhoudt onszelf in alle eerlijkheid uit te drukken. Het is ook angst voor afwijzing of schaamte. Het is onze kleine ik. De kleine leugen houdt tegelijk een consequentie in want subtiele krachten gaan aan het werk. Of we gaan mogelijk ook de begeestering en energie-input missen waarop we recht hadden, toch indien we eerlijk waren met onszelf en de anderen. Kleine leugens groeien ook makkelijk uit tot grote leugens, waarin je zelf verstrikt geraakt. Een situatie die je best kan vermijden. Het beeld dat ik hierbij krijg is een hoop aarde voor je livingraam die je dient weg te scheppen, want die berg aarde belemmert je het zicht op je mooie tuin.

We worden niet gestraft voor het niet handelen naar deze wetten. Het is echt een misvatting om karma te verbinden aan boetedoening of de zondecultuur. Dan genereert het angst en angst maakt instituten en machtswellustigen machtig. Natuurkundige wetten zijn slechts wetten. De appel die te zwaar wordt voor de boom, die valt op de grond door de zwaartekracht. Die appel volgt een natuurkundige wet en je kan de uitkomst voorspellen. De karmische wetten verklaren ook de gevolgen die je ondervindt of ondervond, maar het universum straft wel niet. Het voert slechts uit wat je met je gedachten en je acties in het ruimere veld instrueert. Alles heeft een oorzaak en niets gebeurt zomaar, maar het universum is zelf zonder moraal en zonder oordeel. Jij bepaalt dus in zekere zin zelf de uitkomst van je leven en kennis hebben van deze wetten helpt bij het vermijden van bepaalde gevolgen of het helpt bij het geven van een betere sturing aan je eigen leven. Karma geeft dus kans op verandering en dharma. Indien alle mensen zich bewust waren van deze wetten en er konden naar handelen, dan zou er weinig of geen negativiteit zijn in deze wereld. Dan verdwijnt de dualiteit. We zouden dan allen naar een succesvol leven worden gebracht. En naar eenheid.

De wet van de identiteit. We hebben de vrijheid om onze eigen identiteit op te bouwen. Onze levenservaringen staan in teken van deze te nemen zielslessen. En onze lessen en hoe we erop reageren bepalen onze identiteit. Leven zonder identiteit, is geen realistische droom. Ego is nodig. Teveel ego ontwikkelen zorgt voor onderscheid en onderscheid maken tussen mensen is niet wenselijk.

De wet van de intuïtie. We komen eigenlijk pas ten volle op snelheid wanneer we niet langer afhankelijk zijn van andere opinies of het oordeel van anderen inzake onze eigen zelfwaarde. De vraag is of we onze eigen intuïtie al voldoende kunnen vertrouwen als onze beste gids in het leven. Als je dat kan, dan bekom je zelfautoriteit. Dan ben je niet langer afhankelijk van andermans oordelen en dan ga je je eigen intuïtieve aanvoelen niet langer uit de weg. Onze intuïtie wordt steeds degelijker wanneer we onze eigen ware identiteit kunnen opeisen en onze angsten achter ons kunnen laten.

De wet van de intentie ligt aan de basis van elke mooie manifestatie. Maar elke intentie die niet vergezeld wordt van daadkracht (= energie die de intentie voedt) blijft een dood verlangen. Je krijgt zo ook verkeerde impressies van jezelf. Hij of zij denkt dan dat hij beter is dan de acties in realiteit kunnen aantonen.

Mensen die dingen doen voor anderen, maar enkel in de hoop dat anderen hun acties opmerken en hen hiervoor zullen bewonderen, krijgen hiervoor geen beloning van het universum want de intentie is niet gedragen door het hart en resoneert niet op een hogere frequentie. Dus ook wanneer iemand oprecht zegt dat die de ander wil helpen en de intentie komt werkelijk vanuit het hart, maar de echte acties volgen niet, dan creëert deze persoon al een leugen. Het is alleszins een gebroken woord en ook dat creëert karma omdat deze situatie niet resoneert met 'waarheid' of de energie van waarheid. Niet omdat het universum deze daad veroordeelt.

De wet van de lotus gaat over de lotus die haar weg baant naar het licht en vervolgens haar kelkbladeren ontvouwt of openbloeit aan het wateroppervlak. De lotus is een symbool dat in vele culturen voorkomt, het is een mooie verbeelding van de bloei van 'de zelf'. En dat bloeien houdt verband met kennis, liefde en toewijding. De weg die de groeiknop moet banen om tot aan het daglicht te geraken, loopt doorheen een dikke laag modder, maar de groeiknop geeft onderweg niet op. Modder is donker en dik, dus de groei is soms een moeizaam natuurlijk proces. Je hebt het vertrouwen en enige doorzetting nodig voordat je het licht bereiken kan. De stengel van de lotus kan dus erg lang worden, maar de lotus zal uiteindelijk wel bloeien. Er is dus altijd licht aan het eind van de tunnel.

De wet van kennis. Deze wet veronderstelt dat alle kennis betrekking heeft op energie en het gebruik ervan, of zelfs het misbruik ervan. Veel info bereikt je niet als je nog niet het juiste vermogen hebt ontwikkeld om aan de slag te gaan met die kennis. Die kennis behelst bijvoorbeeld het bewaren van de kracht, kennis van de energiebronnen, kennis van de kwaliteiten, de verschillende energietypes en de bijhorende vibraties.

De wet van de goddelijke liefde en eenheid. Zo voltooi je een volledige reïncarnatiecyclus en bekom je een zielengroei met een hogere vibrationele snelheid. Zo ga je uiteindelijk zelf op in 'het al'. Zo krijg je de mogelijkheid op te gaan in het vloeibare licht of je krijgt de keuze om toch terug te incarneren en als een avatar de mensheid te komen helpen evolueren. Vandaag leven we in een bijzondere tijd en daarom leven er nu veel avatars onder ons. Ze vallen echter niet op want ze horen tot dit mensenras en maken verder weinig commotie. Ze helpen de aarde en mensheid van binnenuit. Vaak op de doodgewoonste plekken, dus daar waar je het niet verwacht.

De wet van eerlijke uitwisseling. Neem niet meer dan je nodig hebt en geef in ruim ook wat terug. Dit heeft zowel betrekking op relaties en eerlijke vriendschappen, als op onze houding in economieën of ten aanzien van de aarde die ons van hulpbronnen en grondstoffen voorziet. Alles moet zoveel mogelijk in balans zijn, dus roven en parasiteren horen daar als gedragsattitudes niet bij. Roven en parasiteren hebben altijd een negatieve uitkomst.

Het concept 'God' heeft voor velen een godsdienstige bijklank (protestantisme, katholicisme, islam…), maar als je het concept los trekt van religie, dan gaat het over ons gezamenlijk potentieel, over liefde, over oneindigheid, over onze almacht of grote potentie en manifestatiekracht. De wet van de goddelijke flow zegt dan dat wij door het leven in het moment, door onszelf te centeren in liefde, ons ondertussen ter beschikking te stellen van de anderen die effectief onze hulp inroepen, al in de goddelijke flow leven. We blijven in die flow door beroep te doen op onze hogere zelf, door acties te creëren die onze liefde en toewijding reflecteren. Als je dit kan, dan merk je automatisch dat je zal doen of zeggen zal wat nodig is, en die dingen zijn altijd in het belang van het grotere geheel. We hebben een sterkere connectie met ons goddelijke en scheppende potentieel. Je bereikt enkel spirituele heelheid, door deze flow niet rationeel of met je beperkende gedachten te blokkeren. Of anders gesteld, onze grootste vijand, dat zijn onze eigen gedachten.

In de materiële wereld is er ook de wet van de minste kracht. Energie kiest altijd de weg van de minste weerstand. De andere uiterste pool van materie is spirit, dus je de dient de wet van economie te kunnen masteren om bij volledige vrijheid of verlichting te kunnen komen.

De wet van de minste kracht kan je ook als volgt uitleggen: Er is altijd activiteit en er zal zo min mogelijk kracht worden verspild. Het is de wet achter elk atoom, achter alles wat bestaat. Telkens opnieuw zoekt elke nieuwe situatie of schepping terug naar een nieuw evenwicht of naar balans. Het zoeken naar balans gebeurt met een bepaald ritme. Oneven ritmes bestaan in feite niet. We zijn in de kosmos onderhevig aan een evolutie van de materie en van de geest en deze twee evoluties gaan hand in hand. Het element ether verbindt alles. Alles correspondeert en interageert met elkaar. Ether is dus het medium voor de transmissie van licht, hitte, elektriciteit, zwaartekracht. Pure kwantumfysica. Ether is niet-materieel van aard. Men noemt het ook universele substantie waarbinnen alle werelden, alle zonnen en galaxies zijn opgehangen. In ether is de geest, de materie voorafgegaan. Het geestelijke veld, het mentale veld en het fysische veld werken altijd samen. Dit is een soort heilige drievuldigheid, ook triniteit genoemd. Donkere materie bestaat maar je kan ze niet zien, ruiken, horen of aanraken. Je kan ze niet zien omdat licht er niet in wordt weerkaatst. Alles in het universum is steeds in expansie. Dit gebeurt met cirkelvormige en spiraalvormige bewegingen.

We leven nu in een cruciale tijd waarin het negatieve het negatieve bevecht en de loop der dingen vermoedelijk ten goede worden gekeerd, met name door de exponentiële groei van het menselijk bewustzijn. Wat is dan ons werkinstrument? Overtuigingskracht? Neen weerom, onze ideeën van vandaag, bepalen het uitzicht van morgen. Let dus op met mindcontrol door de media. Het steeds weer uitstralen of uitzenden van enkel negatief nieuws, bezoedelt onze creërende gedachten. Maar goed nieuws is dit: Men verwacht nu dat de wijsheid van de mens danig zal evolueren dat ze uiteindelijk niet meer moeten concurreren omtrent water, energiebevoorrading... Excessen zullen worden vermeden en energie zal op een efficiënte manier worden benut en verspreid.

De wet van de flexibiliteit houdt in dat je elke blokkade of elk obstakel ook kan zien als een kans om situaties voorgoed om te buigen. Karma kan je zo ook bekijken, als een kans om via inzicht de situatie voorgoed te keren. Je moet niet in het verzet gaan tegen de situatie want dan hou je alles in stand door de wet van actie en reactie. Je kan de kansen leren zien en dus constructief leren omgaan met hetgeen zich in je leven presenteert. Zo worden die situaties stapstenen naar een grotere bewustwording en groei. Wat je in feite doet is negatieve energie transmuteren naar positieve energie.

Een universele waarde is vergeving. De wet op vergeving is erg belangrijk. Vergeving wist nare herinneringen uit je eigen Akasha-kroniek (= wat je zelf aan bewustzijn bijdraagt tot het collectief geheugen). Vergeving ontkracht de drang om de ander te vergelden voor wat hij je aandoet of je aandeed. Je lost zo het karma, je laat woede vrij of je zet die woede-energie (negatief) om in liefdesenergie (positief). Non-geweld is een gevolg van vergeving. Al het goede komt in feite voort uit vergeving. De menselijke soort kon enkel voortbestaan indien er ergens in de geschiedenis ook vergeving werd geschonken. Indien dit niet was gebeurd, dan was de menselijke soort nu al lang uitgestorven door alle repercussies en vergeldingacties. Vergeving zorgt ervoor dat je energie niet meer richt op woede die je steeds weer herbevestigt in de herinneringen die je wil vasthouden. Woede onderhouden doe je dus via het herbevestigen van de herinnering. Vanaf het moment van vergeving, kan je je richten naar constructieve dingen zodat die zich ook kunnen manifesteren in je leven. Het is dus een hele belangrijke wet. Wat je in feite doet, is je eigen energie positief oriënteren in plaats van ze negatief te dirigeren.

De wet van de vrije wil. We hebben allen een eigen bewustzijn en dat kan opgaan in het grote bewustzijn, maar het is je eigen wil die bepaalt of je afgescheidenheid van de bron verkiest of niet. Het is je eigen wil die bepaalt of je wil groeien of wil inkrimpen en terugvallen. Door de vrije wil kan je je richting zelf blijven bepalen, maar dit houdt ook in dat je hele foute beslissingen kan nemen die je wat terugzetten in groei. Vaak is dit echter het gevolg van onbewustheid. Jij kan ervoor kiezen dat gekrenkte trots, woede en trauma je leven blijven bepalen. Jij kan kiezen de kansen niet te zien. Jij kan kiezen of je ego aan het stuur zit, maar ook of je je wil laten leiden door de geest, door je ziel te volgen of je intuïtieve vermogens verder te ontwikkelen. Jij kan kiezen voor weerwraak of de hercreatie van negativiteit op welke manier dan ook. Het is wel zo dat je op elk moment nog van richting kan veranderen. Je krijgt eindeloos veel kansen en toch zijn er mensen die blijven volharden om altijd en overal het slechte in te blijven zien.

De wet op gender. Gender manifesteert zich in alle creaties. Het mannelijke en vrouwelijke principe vinden we terug in al het oorzakelijke. Dus in het mentale veld, in het fysische veld en ja, zelfs in het geestelijke veld. In de hogere sferen presenteert het zich in hogere manifestaties. Deze wet werkt in de richting van generatie, regeneratie en creatie. Het speelt uiteraard ook een rol in seksuele reproductie. Op het fysisch niveau zijn we man of vrouw, of zelfs androgyn, maar elke sekse draagt mannelijke en vrouwelijke aspecten in zich. Indien wij het vrouwelijke en mannelijke in onszelf kunnen balanceren, en daarin ook de kritische massa leren bereiken, dan blenden we met God want in God (of het oneindige) zijn het mannelijke en vrouwelijke principe perfect met elkaar in balans. Blenden met God betekent dus ook dat je dingen kan laten manifesteren zoals God.

De wet van de goede wil. Goede gedachten zorgen voor een goede uitkomst. We zijn (helaas misschien) mentaal of emotioneel gepolariseerd. We kunnen ook alles bekijken in termen van botsende energieën, op die manier kunnen ook wereldgebeurtenissen meer van op een afstand worden bekeken, zonder teveel emotionele betrokkenheid. Vanuit een observatierol. De wereldgebeurtenissen hebben we immers allen samen generatie na generatie gecreëerd door de processen van actie en reactie. Ze zijn zo onze gezamenlijke verantwoordelijkheid want wij zaten zelfs in die vorige levens. Dus indien we met de kracht van goede wil werken, kunnen we ook goede gebeurtenissen creëren omdat het namelijk in onze macht ligt. Wat zou het effect volgens jou zijn, indien we dit allen samen doen? Het effect zou gigantisch zijn.

Er is nog te weinig besef op dat vlak en ook te weinig geloof in het feit dat je zelf de uitkomst kan zien van je eigen bijdrage in goodwill. En toch is het zo. Het zal ook merkbaar zijn in je eigen leven en in datgene wat je naar je toetrekken zal. De manifestatie (het realiseren van wat je wenst) via goodwill verdient een veel ruimere verspreiding en de positieve resultaten zullen dan ook niet uitblijven. Het zet een mooie kettingreactie in gang. Goodwill installeren kan je zien als het magnetische zaad voor een betere toekomst. Er zijn nog te weinig mensen die deze wet ten volle begrijpen en die willen of kunnen denken in het voordeel van het grotere geheel. Maar er is wel verandering op til. Het proces verloopt nog erg traag. Indien de meerderheid van de wereldpopulatie georiënteerd zou zijn richting rechtvaardigheid, goodwill, dan genereert het meer hoop en positieve manifestaties en zelfs ziekte zou dan vrijwel niet meer voorkomen. Kan je je dit voorstellen? In feite zou de intelligentsia dit proces mee moeten ondersteunen of positief moeten kunnen beïnvloeden, maar dat is nu nog niet het geval. De enkelingen die het wel doen ontvangen veel tegenwerking. Positieve rolmodellen hebben we nodig.

De wet van gratie. Indien iemand altijd werkt voor het grotere geheel, dan wordt die veelvuldig beloond. Hij of zij landt dan in de wet van overvloed. De intentie moet wel zuiver blijven. Je moet niet iets goeds doen om te worden beloond. Doe goede dingen vanuit je hart en niet voor het krijgen van applaus. Wat kan je zoals doen? Je kan de aarde heling zenden, mensen daadwerkelijk helpen, ze heling sturen, tot je ziel praten, je goddelijke kracht benutten. (Probeer wel niet tussen te komen in het zielsplan van de ontvanger. Je mag hen hun lessen niet ontnemen.) Indien je dit steeds opnieuw doet, en op positieve acties gefocust blijft, dan leef je in de goddelijke gratie en dan ontmoet je veel groot en klein geluk.

De wet van de groepsvooruitgang. Het bundelen van positieve krachten gegroeid vanuit positieve intenties, is bijzonder lonend. Samenwerken rond positieve doelen; het doet groeien. De effecten ervan zijn groot.

De wet van de mantra's. Elke mantra is verbonden met een bepaald aspect van het absolute: het is een bepaalde manifestatie van het goddelijke. Bij een juiste toepassing van het zingen of zeggen van mantra's vergeet je op een bepaald moment dat je aan het zingen bent en bereik je de bewustzijnsstaat of -toestand dat enkel de mantra voor jou nog bestaat. Je denken wordt min of meer uitgeschakeld en je komt tot volledige ontspanning. Dit heet ook 'trance'. Het zingen van mantra's is zeer heilzaam en zeer effectief. Ook voor het liften van de vibratie van 'de zelf'. In Tibet en omstreken komen de lama's af en toe naar de lager gelegen dorpen om te chanten (meditatief zingen, helende keelgeluiden voortbrengen) voor de hele gemeenschap. Zo zuiveren ze en bewaken ze de vibraties en houden ze die op een bepaald niveau om het negatieve de baas te blijven.

De wet van de meditatie. Op het laagste niveau zorgt het voor een tot rust brengen van 'de zelf'. Op het hoogste niveau word je één met God, of krijg je de staat van verlichting. Het is een uitvloeisel van de mentale gedachte, maar je richt je tijdens de meditatie op de ademhaling en zo worden alle andere prikkels van buitenaf niet meer ontvangen. Je keert op die manier naar binnen.

De wet van de mirakels. Het klopt wat ze zeggen: De grote meesters kunnen dingen terplekke laten manifesteren, door een juist begrip van de subtiele wetten die zich afspelen in de binnenste kosmos van ons menselijk bewustzijn. Hij of zij die mirakels doet, heeft al een juist begrip van de lichtfenomenen. Wij noemen het nu wel mirakels maar het is slechts een geoptimaliseerd of kundig gebruik van de natuurkundige wetten. Weet je, je kan jezelf en de wijze waarop je hier bestaat ook zien als een waar mirakel. Waarom zou jij minder een mirakel zijn dan de manifestaties van de grote meesters? Je eigen existentie beperkt zich immers niet tot de derde dimensie. Je bent zoveel meer dan dat je verstandelijk bevatten kan. Weet je dat?

Ook de gewone mens bepaalt voor een groot deel zijn eigen lot. De gewone sterveling, dat zijn wij, zonder enige uitzondering. Hij of zij maakt daarbij (vaak volledig onbewust) gebruik van krachten, energieën en deze universele wetten, ook al kent hij of zij die niet. Hij of zij manipuleert zo voortdurend lagere levens- en energievormen en zijn eigen energiecentra. We zijn superkrachtig en we beseffen het niet eens. We zijn vergeten wie of wat we werkelijk zijn en wat we werkelijk kunnen. Het meeste van wat we doen, doen we in feite onbewust. De wetten die we hier trachten te verduidelijken, die benutten we al sinds onze geboorte. Maar we doen dat onbewust en vaak benutten we ze zelfs in negatieve zin. We kennen zelfs de kracht van onze woorden niet, maar woorden hebben ook een kracht. Onbewust gebruik, omdat we geen notie hadden van 1) dat deze wetten bestaan en 2) ze in negatieve zin kunnen worden aangewend. We waren of zijn zelfs volledig onwetend over het feit dat onze manier van denken en handelen zo sterk ons eigen leven bepaalt. Wie of wat heeft ons dat weten ontnomen? Iets wat gebaat is met angst, met kleinheid. En toch is het zo, want wij zijn allemaal kleine goden, en we kunnen veel meer dan we ooit konden vermoeden. De wijze waarop je in het leven staat krijg je (helaas of hoera) vaak met de paplepel mee. Het is dus wel eens nuttig om te kijken of je manier van denken en in het leven staan goed genoeg is om er zo mee door te gaan.

De wet van onthechting. Je kan je hogere zelf (of al je zelven) niet claimen want je hogere zelf heeft geen aparte identiteit. Ze is niet eens van jou. Ze is één met alle andere hogere zelven en vormt dus ons collectief bewustzijn. Je bent een stuk van 'het al' dat we gemakshalve God noemen. Je eraan vasthechten of de wil om 'je zelven' te bezitten, ze te willen om- en bevatten creëert nieuw karma. Maar iedereen kan ontsnappen uit het wiel van de reïncarnatie door het bereiken van de staat van verlichting. Zulke dingen conceptueel verklaren is moeilijk want met concepten of begrippen stop je het dus weer in afgescheiden vakjes.

Datgene wat in de geest ontspringt, groeit in het mentale veld en manifesteert zich uiteindelijk in de materiële of fysische en tastbare veld. Ook dit is de heilige triniteit met 1) idee of geestelijke input, 2) gedachte met gedachtefocus door actie en 3) realisatie van het beoogde of de zogeheten uiterlijke manifestatie. De krachten die we tot onze beschikking hebben werden tot nu toe grotendeels negatief aangewend, maar we naderen nu het kritische punt dat de mensheid door een sterk verruimde bewustwording (onder invloed van allerlei gebeurtenissen, zowel in 3D als planetair, kosmisch) plots als geheel hoger zal vibreren. De mensheid herinnert zich plots zijn potentieel. Datgene wat zij als groep kunnen bewerkstelligen, of zelfs individueel. Dit creëert een wereld die gaandeweg meer licht toelaat dan donkerte. Het licht gaat het donkere zelfs belichten. En waar plots licht valt kan donker niet meer bestaan, enkel nog licht en schaduw.

38

Deze wet is een synthese van enkele vorige. Groot karma wordt gegenereerd indien mensen anderen of volkeren dwingen te leven zoals zij, omdat zij nu eenmaal de perceptie hebben dat zij het allemaal beter weten en het juiste gedachtegoed delen en de anderen niet. Wie zijn zij om zich beter te voelen? Of zich superieur te gedragen? Het is ook niet goed voor een volk om in een afhankelijkheidspositie of de vibratie van de 'verzorgenden' of 'bepalers' terecht te komen. Zelfautoriteit is heel belangrijk en groei kan je immers niet afdwingen, noch opleggen. Overigens hebben velen een heel vertekend beeld van goed en kwaad. Deze perceptie is erg cultureel gekleurd. Geduld aan de dag kunnen leggen, is daarbij in alle opzichten een mooie deugd en al een universele wet op zichzelf.

De wet op patronen. Dit is een lastige. Patronen hebben de vervelende eigenschap dat ze zichzelf steeds wensen te herhalen en willen herbevestigen. Wat je ook doet of onderneemt, het patroon wil zich steeds maar opnieuw herstellen. Het is dus een mooie deugd indien je je **de observerende rol** eigen kan maken (dus zonder weg te glijden in emoties), om het patroon te kunnen ontleden (zonder al te veel lastige emoties) om het vervolgens volledig te kunnen ontmaskeren. In elke familie vind je zulke patronen. Familie-opstellingen kunnen ze blootleggen. Buitenstaanders ontdekken ze veel makkelijker dan mensen die in en met het patroon leven. Voor hen is zo'n patroon of gedrag gewoon normaal. Ze weten immers niet beter en eisen aanpassing van anderen aan hun patroon. Vanaf de ontmaskering van een (ziek) patroon, kan je dus daden stellen die een voldoende grote impact zullen hebben om een disfunctioneel patroon in je gedrag, in je familie, je cultuur of clan voorgoed ten goede te wijzigen. Zodat iedereen er baat mee heeft want ook de anderen zien dat je hierin nu bewust afwijken wil. En je zal je eigen kinderen niet meer beschadigen. (Patronen worden steeds overgezet op volgende generaties, tot iemand moedig genoeg is om het bewust te wijzigen.) Indien een patroon kwalitatief goed is en absoluut niet disfunctioneel, of geen schade toebrengt, laat het dan zo. Je kan het dan herbevestigen met kleine beloningen. Dat maakt het goede patroon sterker. Of door het bewust steeds maar te herhalen. Herhalen is confirmeren en affirmeren.

De wet van de Ene. God is 1. God is al wat is, het universum en alles wat het inhoudt of wat er zich afspeelt. Alles komt van de bron en keert er uiteindelijk naar terug. Het leven is bewustzijn, het leven an sich is zelfs de weg naar meer bewustwording, naar Godsbewustzijn of naar universele wijsheid.

Alles is perfect op dit moment. Het proces is perfect en zoals het moet zijn. Transcendent bekeken is dat zo. Maar in feite bestaat volledige perfectie niet want we evolueren steeds. Indien alles al perfect was, zouden we niet kunnen evolueren. Indien de wetenschap alles al kon bevatten, dan was er geen uitdaging meer om meer te willen weten. We kunnen wel evolueren naar onze beste staat van zijn. Dit doen we zeker indien we bij machte zijn te denken, te voelen en te ageren voor het grotere geheel. Zo perfectioneren we ook onze hogere zelf of al onze zelven op de andere dimensies.

De wet van de periodiciteit en ritme. Alles heeft een ritme. Er zijn periodes van acties en vooruitgang, en er zijn periodes van rust. Er is eb en er is vloed. Er is dag en er is nacht. Als je wil corresponderen met de vibratie van de hoogste plaatsen, dan moet je dus ook die wet respecteren. Constante actie of groei is niet mogelijk want het leidt altijd tot verval en achteruitgang. In bepaalde periodes ga je veel bereiken en op andere momenten ga je helemaal niets bereiken. Dit is volkomen normaal.

De wet van de planetaire verbondenheid. Ook in de ruimte staat alles met elkaar in verbinding. De ene beweging zet een andere in gang. Er is altijd invloed, hoe gering ook. Alles is steeds met elkaar in interactie, net zoals de mens ook steeds met de andere mens in interactie is of zou moeten zijn.

De wet van de polariteit. Elke pool heeft een tegenpool, een tegenovergestelde. Alles heeft polen, alles is duaal. Iets en niets zijn in feite hetzelfde. Zonder polariteit zouden licht, gravitatie en elektriciteit niet kunnen bestaan. In het hartsgebied van de mens, manifesteert het zich als de verlichte of de donkere geest. Die polariteit, gekoppeld aan de wet van de vrije wil, bepaalt onze keuzes tussen goed en kwaad, tussen licht en donker, tussen vrijgevigheid of hebberigheid, tussen liefde en angst, tussen waarheid en leugens. Mensen liegen soms ook uit zelfbehoud. Ze doen het niet om kwaad te berokkenen, maar omdat ze niet als zwak of goedgelovig willen overkomen. Maar gedachten van kleinheid, beperktheid en schaamte zijn disfunctioneer. Alles vertrekt weer waar het ooit begon, zoals de wijzer van de klok. Het is het duale aspect van onze realiteit. Dus al wat is, heeft een dubbel of een tegenstelling. Er is hitte en koude, leven en dood, positief en negatief…

De wet op gebed of meditatie. Meditatie een manier om te communiceren met de bron, met het collectieve bewustzijn of de creator van het leven. Indien het niet gaat om afsmeekbeden, dan is het een manier om je innerlijke zelf of al je zelven te openen, je zelf (of zelven) te zuiveren en je te verbinden met de goddelijke bron. We spreken dan met God, maar verwachten geen antwoord. Toch krijgen we antwoorden in de vorm van kansen, signalen… In feite maken we via meditatie al onze zelven weer leeg en zo verdwijnen de rationele obstakels die ons verhinderen met de godskracht te praten op een mentale, fysische en geestelijke manier. Je verbindt al je lichamen met hun goddelijke potentieel en je verhoogt de vibraties. Je kan zo putten uit pure wijsheid.

De wet van 'het nu'. Tijd is slechts een menselijk concept, een mentale constructie, een maatschappelijke conventie die dingen lineair op een tijdslijn helpt te ordenen. We hebben het uitgevonden om gebeurtenissen te kunnen plaatsen, maar tijd bestaat in feite niet. In zekere zin is er dus ook geen verleden en geen toekomst. Er is enkel 'nu'. De kunst van het leven is het leren 'leven in het moment van het nu'. Genieten van het moment. Kunnen leven in het nu verbetert in grote mate de kwaliteit van het leven, want verdriet om wat was, of angst voor wat komen gaat, weerhoudt je er in zekere zin van ten volle in het nu te leven. Angst en wrok, verdriet of woede bezwaren je gemoed en weerhouden je ervan de schoonheid van vandaag te zien.

De wet van de vooruitgang. Deze wet geeft je het bewustzijn dat je in je leven een missie te vervullen hebt. Een kleine of een grote, het maakt niet uit, maar alleszins dien je toch bepaalde stappen te ondernemen. Om dit te kunnen doen dien je eerst je richting te bepalen. Misschien heb je moeten ondervinden dat je niet op het juiste spoor zat. Als je wel op het juiste spoor zit, krijg je veel meeval of aanmoediging. Te snel willen gaan zorgt vaak voor verlies of blokkades. Doe het rustig aan en waardeer elke kleine stap die je dichter bij je doel brengt. In zekere zin is de weg naar het doel al het doel.

De wet van de profetie. De enige voorspellingen die stand houden zijn: 1) de wil van de scheppingsbron om iedereen in stand te houden en geen enkel zieltje te verliezen en 2) dat de toekomst reeds nu plaatsvindt. In de leuze 'ik ben, en wel nu'. Mensen die hun vibratie konden verhogen tot een bepaald niveau, krijgen soms inkijk in de Akasha. Dit heet helderziendheid, heldervoelendheid en helderwetendheid, helderhorendheid, helderwetendheid…. Ze bedienen zich op onbewuste wijze van de heilige geometrie. Het mogen kijken is in zekere zin een beloning, een verkregen recht en iedereen kan dit potentieel ontwikkelen. Ze krijgen deze inkijk in het belang van zichzelf of in het belang van anderen, maar ze mogen anderen niet gaan besturen. Niettemin, focus je niet te sterk op een voorspelling want het doen van een voorspelling doet de loop van de dingen die min of meer vast lagen, al veranderen. Het is namelijk al een ingreep op het gebeuren. Weet ook dat oude toekomstvoorspellingen vandaag volledig hun relevantie verliezen, maar mogelijk wel mee de loop der dingen hebben kunnen bepalen. Met andere woorden, spring altijd omzichtig om met zulke gaven. Niets ligt op voorhand al echt vast.

De wet op de hergeboorte. Elke incarnatie is een herontmoeten van oude vijanden en vrienden, van oude zielsverwanten. Het is een kans tot herinterpretatie van situaties, een kans op het verwerven van nieuwe inzichten, op het aflossen van oude schulden, al is dit in het perspectief van dit boek zeker niet de juiste uitdrukking. Indien je deze wet ten volle doorgrondt, dan zal je in het nu veel voorzichtiger omspringen met relaties, want je begrijpt dan ook ten volle 'de wet van karma'. Je zal dus twee keer nadenken voor je wat denkt of doet.

De wet op radiatie. Je straalt uit wie of wat je bent. Je radiëert in letterlijke zin. Wij zijn namelijk zelf ook energiebronnen en zenden lichtgolven uit op een bepaalde frequentie. Je lichaam produceert zelfs een toon, wist je dat? Sommige personen kunnen die toon zelfs opvangen. Zieke plekken kunnen zelfs een dissonante toon uitzenden.

Indien je een dermate hoge vibratie kan bereiken dat je lichaam niet langer fungeert als je eigen fysieke begrenzing, dan krijg je plots een heel ander zicht op de realiteit. Je krijgt namelijk een vrijbrief om je vrijelijk te bewegen. Via zulke uittredingen kan je bewust reizen van de ene sfeer naar de andere. Door dit feit en deze erg bijzondere ervaringen, benader je sterker dan ooit de werkelijkheid, want nu hang je nog vast aan je subjectieve essentie en je subjectieve benadering van de aardse en kosmische realiteit. Je denkt mogelijk dat je slechts je lichaam bent en dat je ophoudt met existeren wanneer dat lichaam afsterft. Niets is minder waar.

De wet op herkansing. Traumatische situaties kan je steeds op een andere manier leren bekijken. In feite zijn het kansen tot herkansing want je krijgt dezelfde les weer gepresenteerd maar mogelijk duidelijker dan hiervoor. Tot je de les begrijpt en het inzicht verwerft dat nodig is om te kunnen groeien. Traumatische situaties kunnen je dus een grote sprong vooruit helpen, omdat de lessen van je binnenwereld in je buitenwereld worden uitvergroot. De vervelende situatie is dan een mooie kans om een grote bewustzijnssprong te maken.

De wet op begrensde verantwoordelijkheid. Wij kunnen zodanig gaan overdrijven in het willen helpen van anderen dat we hen hun verantwoordelijkheid ontnemen over hun eigen leven. We maken ze zo van ons afhankelijk. Deze afhankelijkheidsrelaties zijn absoluut te vermijden. We moeten ieders persoonlijke waarden respecteren en de onze (en onze eigen grenzen) trachten te hervinden. We moeten onszelf balanceren en ook onze relaties met anderen helpen balanceren.

De wet op de menselijke relaties. Niemand leeft in functie van jouw noden. Bij niemand kan groei worden geforceerd. Een te sterke overname van het beslissingsrecht heet dominantie of manipulatie. Dit manipuleren zal de andere net doen bewegen in de tegenovergestelde richting, in plaats van hem of haar werkelijk vooruit te helpen. Respecteer dus ieders wensen en grenzen. Leer te luisteren en projecteer je eigen situatie niet op de andere. Mogelijk ziet de helper niet eens dat alles bij die andere al klaar zit om zelf tot bepaalde inzichten te komen. Door te sterk te interveniëren ontneem je hem of haar in zekere zin de kans tot het zelf ontdekken en het eigen maken van bepaalde inzichten die bij hem of haar al voor het grijpen lagen.

De wet op de eigen vrije ruimte. Deze wet is zeer ruim en zeer belangrijk. Ze fluit overbeschermende alsook dominante ouders terug, ze fluit vrienden terug, ze fluit ook geloofsinstituten, directeuren, partners en dictators terug. Je kan niet de volledige controle hebben over iemands leven, ook al betreft het je eigen kind. Dat kind is immers niet je eigendom ook al dacht je dat. Het kind heeft immers eigen bestaansrecht vanaf zijn geboorte. Het dient ook zijn eigen weg te kunnen gaan, zijn eigen lessen te leren, een eigen wil te leren ontwikkelen. Het neemt gedurende zijn leven, zijn eigen beslissingen omtrent wat het wil leren, wat het wil worden of wat het wil doen in het leven, of welk geloof het wil aanhangen. Of het überhaupt in iets wil geloven. Iedereen heeft het recht zijn eigen ruimte in te nemen. Het kind leeft niet in functie van jou, maar in functie van zichzelf en van zijn eigen ontwikkeling. Belast het dan niet met jouw schaduwen en jouw lasten en frustraties.

De wet op bewustzijnsscholing. Diegene die een voldoende hoog zelfbewustzijn heeft ontwikkeld, merkt algauw dat hij tijdens zijn zoektocht naar kennis en wijsheid de juiste kennis naar zich toe trekt. Hij of zij ontmoet de juiste mensen op de juiste momenten. Dit zijn de zogeheten synchroniciteiten. Hij of zij trekt de juiste leraren en boeken aan. Hij of zij laat zich gidsen door zijn hogere zelven. Hij of zij zal gelijkgestemden aantrekken met wie het makkelijk werken is. Hij of zij zoekt en vindt de stapstenen!

De wet op geluid. Alles bestaat uit energie. Energie presenteert zich als licht- en geluidsgolven. Licht- en geluidsgolven vibreren. Alles wat bestaat produceert geluid, ook al kunnen wij dat niet waarnemen. Dus veranderingen zullen zich eerst uiten via geluid of veranderlijke toonhoogtes. Het vrijlaten van energie door het atoom, is zodoende gebonden aan de wetenschap van geluid. In het begin was er enkel toon, zo schrijft men ook. En de meest doeltreffende heling gebeurt ook met geluid! Met geluidstechnologie kan je de menselijke energiepatronen terugbrengen naar de meest harmonische staat van zijn. Chanting door groepen (zoals door de lama's in Tibet) zijn zeer effectief om de vibraties te herstellen voor een ganse groep. Het brengt ook individuele heling. Mantra's opzeggen hebben dezelfde uitwerking. De meest krachtige mantra kennen we als: 'Om mani padme hum'.

De wet op de spirituele benadering. Men verwacht van het individu dat elke gedachte, elke daad of actie in overeenstemming is met je goddelijke zelf (deze zelf is verbonden aan de hoogste of twaalfde dimensie waarmee je geconnecteerd bent, het is de bron- en creator-energie). Elke actie is dan als een gebed. Je personaliteit wordt zo een reflectie van de goddelijke zelf en je wordt zo een voorbeeld voor anderen. Je wordt dan een wandelend, pratend voorbeeld voor die anderen.

Een spiritueel ontwaken of 'wakker worden' is een gevolg van een volgehouden focus en enige zelfcontrole en stabiliteit. 'Het ontwaakt zijn' is een beloning, maar het houdt ook bepaalde consequenties in. Men verlangt van de persoon in kwestie een grotere spirituele zindelijkheid. In zekere zin zijn de karmische repercussies door menselijk falen ook groter wanneer men dit niveau al heeft bereikt. Je macht en kracht zijn immers vergroot. Je kan makkelijker dingen manifesteren, maar dat houdt in dezelfde mate ook bepaalde risico's in want je materialiseert ook makkelijker negatieve zaken. Of zie het als een grotere zelfverantwoordelijkheid. Als je goed doet is de beloning manifester, maar wanneer je fout handelt, dan is de repercussie die hierop volgt natuurlijk ook manifester.

De wet op het doorgeven van kennis. Deze wet duidt op de verantwoordelijkheid van mensen die al veel inzichten hebben verworven, om deze ook door te geven aan anderen en ze niet voor zichzelf te houden. Dit doorgeven van inzichten is in het belang van de menselijke evolutie. Het dient tot nut van het grotere geheel. Het doorgeven mag niet op een dwingende manier gebeuren. Beter is het je kennis ter beschikking te stellen van diegenen die er open voor staan of erom vragen. Je ontmoet zulke mensen vanzelf door de wet van de aantrekking. Zij behouden natuurlijk het recht om er zelf een andere mening op na te houden.

De wet op telepathie. Jazeker, telepathie bestaat. Het is het derde oog dat als een radio fungeert en je denkgolven uitzendt. Die denkgolven bewegen zich doorheen de subtiele vibraties van de astrale ether en creëren dan elektrische golven die zich weer automatisch kunnen omzetten in denkgolven, maar ditmaal in de geest (en taal) van de andere die als ontvanger fungeert.

De wet op speciaal verzoek. Gebeden worden verhoord. Wanneer wij om hulp of assistentie vragen dan worden onze gebeden verhoord, toch indien wij durven te geloven dat het zo is. De energie is nog veel sterker indien je het verzoek minstens drie maal herhaalt want je affirmeert zo je vraag. Samenwerken rond bepaalde positieve doelen is ook het bundelen van positieve energie. Samenwerking leidt makkelijker naar een manifestatie van deze doelen.

De wet van tijd. We zeiden het reeds, tijd bestaat niet. Tijd is slechts een mentaal concept en in de ruimte is er nultijd. In de derde dimensie kunnen we focussen op het nu omdat we vergaten wie of wat we waren in vorige levens. We kennen onze eigen vroegere ervaringen niet meer, ook al lieten ze sporen na in onze manier van denken of in ons DNA. De toekomst creëren we zelf met onze gedachten van vandaag, maar niemand lijkt dit te kunnen vatten, noch te beseffen. Toekomst is dus niet anders dan de concretisering van gedachten die nu worden uitgedacht. Gedachten worden geadresseerd door emoties en aangereven door actie. Het onderhouden van negatieve gedachten is non-productief. Het brengt je tot stilstand en het kan leiden tot ziekte. Vergeten is misschien moeilijk, maar vergeven is altijd een haalbare kaart. Het ontdoet de pijnlijke herinnering van zijn emotionele lading zodat nieuwe energie vrijkomt voor andere dingen.

Gedurende de geschiedenis zijn er mensen die erin geslaagd zijn, danig hun vibratie te verhogen, dat ze binnenslipten in 'no time zone'. Ze leven naar hun waarden, ze doodden zo vrijwel het ego en losten zo ook een groot deel van hun karma op. Dat maakte hen totaal vrij.

De wet op de onvoorwaardelijke liefde. Deze is zowel een levensvoorwaarde als een wet. We zouden anderen evenzeer moeten liefhebben als onszelf. Maar om dit te kunnen, moeten we dus ook onszelf liefhebben. Dat is de eerste voorwaarde. Want wie niets aan zelfliefde heeft, kan ook niets uitdelen. Als je in staat hebt om onvoorwaardelijk lief te hebben, zouden we ook niet mogen focussen op de verschillen, en we zouden anderen niet mogen veroordelen want wij zijn allen een deel van God, en allen zijn we slechts onderweg. Wanneer we zonder onderscheid ons kunnen verbinden met elk ander, hem of haar kunnen waarderen en liefhebben, dan verbinden we ons heel sterk met de hogere zelf en leven we niet meer in afgescheidenheid. We voelen ons dan niet superieur aan de andere. Door 'onvoorwaardelijk' elke andere het nodige respect, waardering en liefde te geven, zeg je trouwens steeds de juiste dingen tegen de andere op de juiste momenten, want je bent dan altijd in de hogere gedachte-afstemming of vibratie. Het leven lijkt dan veel makkelijker te verlopen, want dan je elk ander zien als je gelijke of als iemand die net als jij gewoon maar onderweg is. De levensgebeurtenissen komen je dan in een flow tegemoet. Ze zijn veel aangenamer en meer vreugdebrengend. Je kan je leven dan zonder angst omarmen en beleven als een avontuur. Je bent minder snel uit balans te brengen, zelfs niet wanneer je ergere dingen meemaakt. Ook synchroniciteiten (vreemd of gestuurd toeval, magische toevalligheden) laten zien dat je je op je zielspad bevindt.

De wet op de eenheid huldigt dit principe van gelijkheid. We zijn immers allen verbonden. We dragen allemaal het goddelijke zaad of de godsvonk in ons. Onze illusie alleen te zijn op de wereld of eenzaam te zijn, wordt enkel gevoed door het ego. Het ego ziet ons slechts als een lichaam met behoeften, eindig en beperkt. Het heeft geen weet van onze spirituele natuur en van andere dimensies. Wij zijn slechts ons lichaam dat ophoudt te bestaan bij de fysieke dood. Maar in realiteit is het lichaam slechts ons voertuig op deze aardkluit. Hoe meer we ons verbinden, hoe meer we de connectie met de bron wel kunnen aanvoelen. We zijn dan alles. Wij zijn en voelen ons één. Alle substantie in het universum vloeit immers naar ons en door ons heen.

Weet ook, wanneer wij winnen aan bewustzijn en een zielsgroei doormaken, dan profiteren anderen evenzeer van deze zielsgroei, net omdat ego in feite niet bestaat. Wij vormen samen één groot bewustzijn en iedereen die zich op één of andere wijze verbindt met de bron kan puren uit die onuitputtelijke wijsheid want die sluit niemand uit. Die zich ervan afgrenst, raakt afgescheiden en loopt enigszins doelloos rond. Het kan leiden tot depressies

Hoe minder ego, hoe meer de ziel aan het stuur zit. Diegene die bezield door het leven kan gaan, leidt een vervuld leven en hoeft zich niets te beklagen aan het eind van dit leven. Het is ook een misvatting dat je in ascese dient te leven. In ascese leven is je alles ontzeggen, maar doe niets ten koste van anderen. In zijn laatste levensfase had Boeddha toch een glimlach op het gelaat en zelfs een gevuld buikje...? Het was overigens zijn laatste inzicht.

Epiloog

Omtrent stressziektes

Stressziektes ontstaan onder invloed van stress. Logisch, want het woord zegt het al wel. Maar wat is stress? Teveel werk, een te hoge werkdruk, slechte relaties op het werk, een slechte thuissituatie, kapotte vriendschappen…? Ja dat allemaal zijn oorzaken van stress. Een te hoge werkdruk wordt meestal als reden opgegeven van ziekte, maar meestal is het toch een combinatie van allerlei negatieve invloeden en de andere redenen worden niet meteen genoemd. De grootste ziekmaker is echter emotionele stress.

Zo'n negatieve invloed die men vaak vergeet te vermelden tijdens een therapeutisch gesprek, vaak uit schaamte, dat is de nawerking van slechte herinneringen of trauma's uit de jeugd, groot verdriet, aangeleerde angsten en in stand gehouden woede en wrok gekoppeld aan onrecht dat je werd aangedaan en dat je mogelijk zelfs graag wil vergelden. De andere (de dader) moet even veel pijn lijden als jij. Maar misschien is die andere wel gevoelloos of is die net uit op je pijn. De wraakgedachten zijn vaak cultureel ingebed. Denk maar aan onze christelijke roots met het schuld- en boetegedachtegoed, maar helaas, ze houden je in de oneindige keten van actie en reactie.

Nochtans, er is slechts één manier om van deze emotionele stress verlost te geraken. Graaf naar de echte oorzaak, tracht het te begrijpen en stap uit deze ziekmakende cyclus! Groot verdriet moet je bijvoorbeeld niet koesteren. Wrok en woede en slechte herinneringen moet je ook niet steeds weer oprakelen want zo herconfirmeer je de pijn die erbij hoort. Het labelt je met blijvend slachtofferschap. Beter is het te vergeten, maar dat is natuurlijk veel makkelijker gezegd dan gedaan. Vergeten kan je pas na de verwerking van de grote emoties. Vergeten is ook niet hetzelfde als verdringen. Verdringing kan na verloop van tijd ook ziektes doen ontstaan. Je moet er dus wel mee aan de slag en daarvoor is enige moed nodig. Een goede manier die je helpt slechte emoties (die je dus opzadelen met negatieve energie) weer uit te vlakken, is het begrijpen van de situatie of het leren ontdekken van de onderliggende gedachte- en han.delingspatronen. Dit in allerlei situaties met betrekking tot menselijke relaties. Veel is namelijk aangeleerd gedrag. Is je moeder bijvoorbeeld iemand die heel angstig is en zich vastbijt in het onrecht dat haar werd aangedaan, dan is er een grote kans dat ook jij de woede onderhoudt als jou onrecht werd aangedaan en eventueel zelfs dezelfde (aangeleerde) angsten deelt.

Waar het in voorkomen van ziekte op aankomt is dus, het terug in balans komen. Aangezien kwetsuren, woede, wrok, verdriet en angsten je opzadelen met negatieve energie, is het voortdurend herhalen van deze feiten in feite het herconfirmeren van de oude pijnen. Die pijnen slorpen zoveel energie van je op, dat je nauwelijks nog in staat bent om nieuwe positieve plannen te maken, te gaan werken met volle goesting, je vriendschapsrelaties te onderhouden....

Wat je dus dient te doen is de energie van deze beladen gedachten omzetten naar positieve energie. Positieve energie is de enige energie die spontane heling brengt want ze heeft een hoge vibratie. In de geest en met uitbreiding dus ook in het (al) verzwakte lichaam dat al ziektesignalen geeft en zich in stilte voorbereidt op echte ziekte. Voorbeelden van positieve energieën zijn: verliefdheid, moederliefde, zachtheid, mildheid, ware vriendschap, mededogen, compassie, hulpvaardigheid, hoop, partnerliefde.... Negatieve gedachten zorgen voor beladenheid met negatieve energieën. We kennen ze, het is: hardheid, trots, wrok, hardheid, woede, angst, dominantie, manipulatie. Zoek dus manieren om tot 'output' van negatieve energie te komen (verwerken, vergeven...) en 'input' van positieve energie (natuurcontact, creatief zijn, muziek beluisteren, plezier maken, leuke mensen ontmoeten, mededogen leren voelen voor diegene die je allerlei aandeed, nieuwe doelen stellen...). Negatieve energie transmuteren, dat doe je door het bewust veranderen van ziekmakende en ziekteonderhoudende denkpatronen. Hoopgevende gedachten scheppen ook goede voorwaarden tot heling. Nog beter is in het nu te leven, maar je begrijpt dat dit 'nu' dan ook 'aangenaam' dient te zijn want anders lieg je jezelf wat voor. Neem nu een extreme situatie: Iemand die bijvoorbeeld moet leven met een psychopaat, die kan wel leven op hoop, veel bidden of mediteren, en zich willen verdiepen in positief denken, maar de situatie zal wellicht niet veranderen. Of hij of zij zal de situatie proberen te kleuren, beter voor te stellen dan dat ze werkelijk is. En zo lieg je jezelf wat voor. Dit is eigenlijk hetzelfde als verdringing. Verdringing is echter een overlevingsmechanisme. De ontwikkeling van schizofrenie en het kweken van meerdere persoonlijkheden is nog zo'n overlevingsmechanisme.

Een simpele techniek voor het transmuteren van negatieve energie (van anderen) die ongevraagd bij je binnenkomt en die je als een spons opslorpt, is het visualiseren van een violette vlam die je volledig reinigt. Dat er negatieve energie binnenkomt, dat voel je vaak niet meteen, maar pas achteraf. Het kan zorgen voor een plotse en onverklaarbare moeheid, of prikkelbaarheid. De violette vlam zet negatieve energie om in positieve energie. Dit alles vindt plaats in de vierde dimensie. Het is dus een proces dat je niet ziet, maar je zal het resultaat of de positieve verandering wel kunnen aanvoelen. Positieve energie trekt nog meer positieve energie aan en negatieve energie zorgt enkel voor nog meer narigheid. In dit boek gingen we dus voor de positieve spiraal en het positief gebruik van de universele wetten.

Gedachten + daden + ervaringen + emoties = input (in brein en fysisch en etherische lichamen)

Lichaam = **output** (handelen volgens je gedachten, alarmerende stresssignlen, psychische en fysische ziekten na volgehouden afwijking van de balanssituatie

---

Dankwoord

Dank aan Erica Baptist voor het nuttige commentaar op de teksten.
Dank aan Pascal Lommelen voor het doorgeven van de universele wetten (Engelstalig werk).
Dank aan Kris Libersens voor al het technische werk.

www.ingramcontent.com/pod-product-compliance
Lightning Source LLC
Chambersburg PA
CBHW071750090426
42738CB00011B/2624